基礎から学ぶ
スポーツ運動学

Introduction to
Movement Theory of Sports

佐野 淳———著
Atsushi Sano

大修館書店

まえがき

　スポーツにおいて、技やプレーができるようになるには練習が必要です。練習というものは、楽しいながらも苦しいものであり、簡単にはあきらめず、辛抱強く続けることが求められます。したがってこうした練習は、いろいろなアイデアある内容や方法で行われることが不可欠です。

　スポーツ運動学は、ごく簡単に言えば、学習者の練習内容やその方法、また指導者はどのように学習者に関わるべきかといった、「実際に運動ができるようになることに寄与し得る内容を研究する学問」だと言えます。

　スポーツ運動学の特徴は、運動現場における実践者（学習者や指導者、審判員など）が「人間」であるという立場を強調して、運動を覚える、教える、伝える、評価する際の問題を研究していこうという点にあります。スポーツ運動学の立ち位置は「現場」にあり、実際の動きかたやそこで人間が感じ、意識する内容が研究対象になります。そうした見方から、スポーツ運動学は運動形態学や現象学といった学問と密接な関係をもっています。

　『基礎から学ぶスポーツ運動学』と題した本書は、スポーツ運動学の基本的な考え方と基礎知識を、初学者が体系的に学べるように構想されたものです。「運動学」は保健体育の教員免許状の取得に必須の学問であり、そうしたことを目指す大学生が、最初に手にとるのにふさわしいテキストを目指しました。すなわち、本書は、スポーツ運動学の原点であるマイネル運動学を踏まえた、最新の発生運動学としてのスポーツ運動学の考え方と、その基礎的学習内容を可能な限り体系化して、難易度と使用用語や概念、学習のしやすさといった観点から、初学者がスポーツ運動学の理論を体系的に学習でき、基礎的内容の理解が進むことを目指しています。したがって、初学者が基礎理論として学ぶには専門的で難解な哲学的、現象学的概念や用語についてはなるべく使用することを避け、スポーツ運動学の基礎的で基本的な用語に止めました。スポーツ運動学を勉強する導入段階では、そうした難解な概念や用語の使用がなくても、今日の最新のスポーツ運動学（発生運動学）の理論の考え方と核心的内容は十分理解することができると考えています。

　このような考えに基づいて、本書の第Ⅰ章は、スポーツ運動学理論の基本的・基礎的内容になっており、より高度な専門書への橋渡しとなるよう配慮しています。第Ⅱ章では、現場の運動指導は技術指導が中心になることから、技術の基礎知識としてのスポーツ技術論を、第Ⅲ章では、実際のわざ指導における促発指導上の不可欠な方法論を、第Ⅳ章では、スポーツ運動学的立場で重要になる運動分

析論を取り上げて、現場のわざ指導に役立てるポイントを、それぞれ説明しました。最後の第Ⅴ章は、第Ⅳ章までの学習内容を前提にした本書のまとめとして、スポーツ運動学理論の発展の姿を、要点を絞って整理し、今日のスポーツ運動学の学問的性格を理解できるようにしました。

本書は、全34講で構成されています。また、各講には学習内容、キーワード、確認問題、コラムを設け、学習内容の理解と定着が図られるようにしました。

基本的に、第Ⅰ章の基礎理論をベースに学習して、スポーツ運動学の理論の核的内容を理解してもらいたいと思います。その上で、第Ⅱ章、第Ⅲ章と学習を進めていき、スポーツ運動学理論の独自の視点への理解をより深めていってもらいたいと思います。すでに述べたように、本書は大学の授業で教科書として使うことを念頭においていますが、自習用としても読むことができるように配慮しました。またそれだけでなく、スポーツの現場にいて運動問題に直面している指導者や、スポーツ運動学の理論に興味をもつ人を読者対象にしています。

私が初学者用のスポーツ運動学の本の刊行を強く思うようになったのは、何といっても現場理論としてのスポーツ運動学の重要性、不可欠性からです。それは、現場をみているからこそ実感できた必要性であり、それゆえに、いま以上にスポーツ運動学をスポーツ科学の中にしっかり根付かせたいという強い思いがありました。

スポーツ運動学的研究に対して、今日、しばしば「難解かつ哲学的な学問である現象学的理論による説明が強い」という点が指摘されます。しかし、スポーツ運動学の研究の本質はそこにあるのではなく、現場にいる学習者、指導者、審判、レフリーといった実際の「人間の」、あるいは「私の」わざ追求という「熱い思い」の中にあると、私には思われるのです。私をスポーツ運動学の世界に誘っていただきました恩師の金子明友先生の多くの研究を振り返ってみて、私はこの学問がそうした視点でより正しく理解されるべきだと強く考えるようになりました。また、そうした視点から、スポーツ運動学理論の初学者のための教科書をどうしても書きたいと強く思うようになりました。

こうした私の思いに理解を寄せ、長年にわたって私の原稿に対して辛抱強く前向きなご助言をしていただいた、大修館書店の粟谷修部長に深甚なる感謝の意を表したいと思います。また、実際の編集作業において、少しでも初学者の学習に役立つようにと、スポーツ運動学理論の本質に向けられた鋭い質問を投げかけていただくだけでなく、読みやすい文章にするために、文章表現上、多くのご助言をしていただいた佐々木綾子氏に、多大なる謝意を表したいと思います。

佐野 淳

スポーツ運動学
基礎理論

第1講

スポーツ運動学はどんな学問か

学習内容

　第Ⅰ章では、全15講にわたり、スポーツ運動学の基礎理論を学びます。

　この講では、「スポーツ運動学」はどんな領域の、どんな問題を扱う、どんな特徴をもつ学問なのかといった概要を学習します。

　運動することには、健康の維持・増進や体力の向上、そして精神衛生上の意義があります。しかしそれだけでなく、運動することは、「できる」ようになることを通じた人間形成という意味で、教育や競技の領域では重要な意義をもちます。スポーツ運動学は、学習者の「できる」について、運動形態（動きかた）および身体知の観点から研究していこうとする運動の学問です。スポーツ運動学は当初、研究の方法論の立場として、運動の形態学を前面に出していた運動理論でした（マイネル、1960）。その後（2002年以降）、その形態学的方法論を、日本の金子が現象学的に理論補強しています。今日、スポーツ運動学は、運動形態を身体知現象として取り上げる「発生運動学」として発展しています。

｜キーワード｜

　できる、未来志向の性格、スポーツ運動学、運動現場、運動形態学、運動形態（動きかた）、身体知、実存的立場、現場的－実践的学問、モルフォロギー、フォーム、感覚運動知、マイネル、運動学、金子明友、ゲーテ形態学、フッサール現象学、現象学的、発生運動学、認識の学、実践の学、理論と実践

（1）スポーツ運動学が扱う領域

「できる」ことの意義

————

　スポーツや運動が行われる場所は幼稚園や学校、またスポーツジムやフィットネスクラブまで多様です。そこには小さな子どもから大人までいますし、また男性も女性もいます。さらに指導者として教師やコーチ、インストラクターもいます。大会となれば、そこに審判員やレフリーも関わります。こうした、多くの場所で多くの人びとが行っているさまざまな運動には、どんな意義があるのでしょうか？

　小さな子どもは、そもそも身体を動かすことが楽しいのですし、身体運動を伴う遊びは、子どもにとって発育発達上、さらに精神衛生上、不可欠です。また、運動することは、現代社会に生きる人間にとって、健康の維持・増進と体力の向上という意義があります。さらに、身体的、精神的な疲労回復や、心身の充実感を取り戻す上でも、運動は大きな意義をもっています。

　これらの意義のほかに、運動には、さらに重要な意義があります。すなわち、逆上がりや泳ぎなどの、目標とする動きを「**できる**」ようにする活動それ自体に、人間形成や人間性を養う上できわめて重要な意義があるのです。

運動指導の領域

————

　このような運動の指導には、以下の4つの領域があります（マイネル、1981、p.91；金子、2005a、p.43）。

　1つ目は、「教育の領域」です。この領域では、学校に代表される現場で、教員が運動指導を行い、「できる」ことを通じた人間教育、人間形成を目指します。

　2つ目は、「競技の領域」です。この領域では、コーチや監督などが運動指導を行い、主に「できる」ことと、競技会や大会で勝つことを通して人間性を養います。

　3つ目は、「健康の領域」です。この領域では、スポーツプログラマー

や健康運動指導士などが、健康の面から、生理学的効果を出すことを目指した指導を行います。

　４つ目は、「リフレッシュの領域」です。運動指導をするのは運動指導員やリーダーと呼ばれる人たちです。ここでは、楽しく身体を動かす活動を目指した指導が行われます。

「できる」を目指す指導

　これらの４つ運動指導領域のうち、教育の領域と競技の領域では、運動は学習者にとって「できる」ようになる対象です。この領域の指導者は学習者に対して、走るにしても、ボールを投げるにしても、また高度な技をするにしても、その動きができるようになることを目指して指導します。

　「できる」を目指すこの２つの領域の指導者は、初心者に対しては、まず簡単な運動の課題を与えて練習をさせます。そして、少しずつ運動に慣れさせて、段々と課題を難しくしていき、徐々に高度な内容を練習させていきます。また、上手になってきた学習者には、さらに上のレベルを目指した指導を行います。しかし、指導すれば、学習者は何の問題もなく運動ができるようになるわけではありません。運動は、なかなか上手にできるようにはならないものです。また、指導者にとっても、指導が思ったようにはうまくいかないことも多々あります。

　「できる」を目指す指導は、指導者が学習者に対して、いろいろなことに配慮しつつ、丁寧に行う行為です。またそれは、学習者の現在の動きを、将来に向けて「よく」しようとして行われる、**未来志向の性格**をもつ行為でもあります。

　スポーツ運動学は、このような教育の領域と競技の領域の「できる」の問題を解明するとともに、指導者がよりよい指導を行うことができるよう、指導上の問題を研究する学問です。

（2）スポーツ運動学の理論の特徴

スポーツ運動学が扱う問題

———

　このような領域の「**運動現場**」には、運動が「できるようになりたい－うまくなりたい」と思って練習する学習者と、その学習者に「動き」を教える指導者がいます。学習者が行う「動き」をめぐって、学習者自身は自分のこととして、指導者は他者のこととして関わります。すなわち、現場には、学習者・指導者・動き（わざ）の問題があります。こうしたことから、スポーツ運動学は以下の問題を扱います（Krug, 2001, p.32；マイネル、1981、pp.136-143；金子、2002a、p.35；金子、2005a, pp.92-94）。

・運動形成論（学習位相論）
・人間の運動系の発達を扱う運動発達論
・学習者が示す動き（運動形態）の「質」を扱う運動質論（本書の6、7、8講では、わざの生成意識として説明しています）
・発生論（学習者の創発論：できる理論、指導者の促発論：できるようにさせる理論）
・構造論（学習者の動きの意味構造）
・運動の伝承論（わざを後世に伝えていく理論）

　こうした問題を扱うスポーツ運動学の学問的特徴は、現象学的な**運動形態学**（解説1-1参照）の立場（金子、2005a、まえがきⅲ）に立って、**運動形態**（動きかた）と**身体知**（解説1-2参照）にスポットを当てる点にあります。そして、スポーツ運動学は、「人間が行う」視点を徹底させる**実存的立場**に立ち、学習者の「できる」を、教育学の問題、人間学の問題、現象学の問題として解明しようとする、**現場的－実践的学問**です（金子、2005a、pp.83-86）。

| 解説1-1 | 運動形態学 |

　運動形態学は、運動形態（動きかた）の視点から、動きの良し悪しをみていこうとする学問です（Buytendijk, 1956, p.41；Fetz, 1974, p.64；マイネル、1981、pp.106-109）。厳密に言えば、それは現象学的な運動形態学（モルフォロギー）を意味します（マイネル、1981、pp.450-451）。運動形態は、動きかたとしての**フォーム**や可視的な運動形態を指します。しかし、運動形態学はその運動形態を、運動する人の意識と感覚との関係で取り上げる学問

です（運動形態学について、詳しくは第12講、第13講、第32講、第34講を参照）。

解説1-2 　　身体知

　身体知は**感覚運動知**であり、人間はそれをもつことで巧みな運動ができるようになります（Buytendijk, 1956, p.153；金子、2005b、pp.260-261）。この身体知が、人間の日常生活の運動はもとより、ボールを投げたり、宙返りしたりするなどのスポーツの運動をできるようにさせている（できる身体知）と考えるのが、スポーツ運動学の基本的な考え方です。なお、スポーツ運動学では、自分ができるという場合だけでなく、他者を教えることができるという場合も、その能力を身体知(教える身体知)レベルで考えます(身体知について、詳しくは第9講、第10講、第11講、第19講、第21講、第28講を参照)。

スポーツ運動学の発祥と展開

　スポーツ運動学は、ドイツ（旧東ドイツ）の**マイネル**が提唱した運動の学問です。マイネルは、形態学（モルフォロギー）的方法論をベースにした『**運動学**（Bewegungslehre：ベヴェーグングスレーレ）』(1960) という書名の本を出版しました。この本は、力学や生理学などの自然科学的な学問を背景にした運動理論とは異なり、動きかたや動きのフォーム、動きの感覚や意識などの内容を、形態学の視点から解説した運動理論の書でした。

　マイネルの『運動学』(1960) の理論は、**金子明友氏**による邦訳『スポーツ運動学』(1981) が出ると、日本でも「運動学」や「スポーツ運動学」として注目されるようになりました。現在、「運動学」は現場の理論として、教員免許状（保健体育）の取得に必修の科目となっています（佐野、2020、p.10）。マイネルの運動理論はその後、金子によって、**ゲーテ形態学**（金子、1995、pp.1-24；金子、2002a、pp.166-186）や**フッサール現象学**（金子、2009、pp.79-80、pp.99-100）の立場から理論補強がなされ、その現象学的な性格が明確にされました。そして今日、マイネルに端を発するスポーツ運動学は、運動形態（動きかた）を身体知現象として取り上げる、**現象学的性格の「発生運動学**」（金子、2005a、pp.83-84）として新たな展開をみせています（スポー

ツ運動学の成立経緯について、詳しくは第34講を参照)。

　なお、スポーツ運動学は、生理学のような「**認識の学**」ではなく、「**実践の学**」です。そして、「医学」のような**理論と実践**の両側面をもつ学問なのです (澤瀉、1977、p.3)。

確認問題

●スポーツ運動学はどんな領域を扱い、どんな特徴をもつ学問か説明しなさい。

●また、運動形態学および身体知について、簡潔に説明しなさい。

| column |

教育学的視点に立っていることの意味

　運動理論としての「スポーツ運動学」の原点は、マイネルの『運動学』(1960)にあります。この本の副題には、この理論が教育学的視点に立っていることが掲げられています。それは、この理論があくまで、「現場」で指導者が学習者に対して行う「動きの指導」の問題解決のための理論である、ということを示すためでした。つまり、実践現場の指導を実り多きものにするために構想された「現場の理論」であり、「実践の学」であるということが、この学問の特徴でした。マイネルの「運動学」は、人間の運動のメカニズム解明を目指した「認識の学」ではなかった、ということです。

第2講

運動研究における科学と哲学

学習内容

　この講では、「できる」問題を、現場的な問題意識と科学的な問題意識に分けたとき、スポーツ運動学の問題意識は現場的であり、哲学的であることを学習します。

　運動の「できる世界」に関わる三者（学習者、指導者、研究者）の問題意識は、大きく現場的問題意識（学習者、指導者）と科学的問題意識（研究者）に分かれます。この違いが研究にも反映されると、科学的研究か哲学的研究かの違いになります。運動問題の解決のためには、科学的研究も哲学的研究も必要です。研究を科学的か哲学的かに分けた場合、スポーツ運動学は哲学的な研究領域に属します。スポーツ運動学は、現場的で哲学的な立場に立ち、運動をする人の主観的な視点で「できる問題」を取り上げます。

｜キーワード｜

　指導者、研究者、できるための動きかた、因果律的追究、直観的追究、科学の問題意識、客観的問題、現場の問題意識、主観的問題、科学、哲学、できる世界、客観的な運動状態、科学的研究、哲学的研究、研究対象、研究方法、客観的法則、自然因果の法則、分析（分解）、直観、自己反省、哲学的、論理的、現象学的

（1）「できる」ことに対する問題意識〜科学と哲学〜

指導者と研究者の関心事

———

　学習者の「できる」をめぐって、**指導者**と**研究者**は、いずれも現場に関わっています。ただ、この両者の関心の次元の違いを十分に理解しておくことが重要です。研究者は、自然科学的な原理・法則から「**できるための動きかた**」の効率性、合理性、効果性を追究します。これを**因果律的追究**と呼んでおきます。他方、指導者は、長年にわたる現場の経験と体験を背景にした専門的視点から、目の前の学習者の動きの問題点を追究します。これを**直観的追究**と呼んでおきます。

問題意識の違い

———

　この両者の背景には、研究者と指導者の問題意識の違いがあります。研究者は、できる動きのメカニズムを解明しようとします。また、上手にできない動きには、メカニズム的にどんな欠点や欠陥があるかを究明し、説明しようとします。このときの意識は「認識の学」としての意識（**科学的問題意識**）です。そこでは動きは物的、物質的な**客観的問題**（科学の対象）となっています。これに対して、指導者の意識は、学習者は運動するときにどんなことを意識し、どんな感覚を感じたらよいかを追求しようとする、**現場的問題意識**です。こうした内容は、**主観的問題**（哲学の対象）と言えます。

　このような、動きの客観的問題と主観的問題の違いは、**科学**と**哲学**の、考え方と研究姿勢の違いを反映しています。ここで重要なことは、まずはこの2つの考え方とアプローチがあることを理解しておくことです。では、私たちはそもそも、科学と哲学をどのように考え、その違いをどのように理解しているのでしょうか？

（2）科学と哲学の方法論

科学的研究と哲学的研究

————

　動きの「**できる世界**」を解明する際の観点として、客観的な運動状態の分析と、体験的意識内容の把握の２つがあります。例えば、100m走といった短距離走の走フォームを取り上げるとき、多くは走動作や疾走フォームを撮影し、その映像を分析して、走り方（腕や脚の動きや上体の姿勢の「**客観的な運動状態**」）の良し悪しを問題にします。この場合、その動きは力学や生理学で扱われる現象として、また、数値によって把握される客観的現象として理解されています。そして通常、このような力学的、生理学的な研究や、測定機器を用いて行われる研究が、**科学的研究**と呼ばれます。

　これに対して、速く走るための腕振りはどんな感じですればよいのか、脚の前への振り出しではどんなことに注意したらよいのか、などといった内容は、学習者にとって欠くことのできない重要なものです。そうした内容は、指導者がアドバイスする内容としても重要です。これらは、運動する人の意識や感覚といった主観的な内容であり、内容の良し悪しや妥当性の研究は、科学的研究というよりは**哲学的研究**の範疇に入ります。

　それでは、科学と哲学は、一体どのように区別されるのでしょうか？以下では、**研究対象**と**研究方法**の観点から、両者の違いをみていくことにします（澤瀉、1967、 pp.21-43；澤瀉、1979、pp.8-22）。

研究対象の違い

————

　まず、研究対象の観点からみていきましょう。科学の対象はある意味で特定されています。例えば生理的な現象、心理的な現象、力学的な現象というように、扱う対象が特定されているのです。より高度な研究になれば、この対象はさらに細分化されます。生物学は、研究対象が動物や植物などの生き物だと言えますが、この対象を分子レベルで研究するとなると分子生物学となり、研究対象はミクロの世界を扱うように極小化していきます。物理学や生理学にしても、また心理学にしても、それらが科学という場合には、研究対象が物理や身体の生理現象、あるいは「心」とされて研究さ

れることになります。いずれにしても、科学の対象は、物質とか客観的な
ものなどの特定されたものです。科学では、対象となる現象や事態は、**客
観的法則、自然因果の法則**のもとに成立していると考えます。

　これに対して、哲学の研究対象はどうでしょうか？　哲学の対象は、科
学的対象のような意味では特定されてはいません。哲学では、自分が関心
をもつありとあらゆるものが研究の対象になります。例えば、意識とは何
か、技術とは何か、上達とは何か、この腕の振り上げにどんな意味がある
のか、などのように疑問に思った場合、問いかけようとする対象（意識、
技術、上達、腕の振り上げ）は、どれも哲学の対象です。自分の立場からの疑
問であり、関心があり、その解明や究明に意義があると自分が思えば、こ
うした疑問や問いかけの対象はすべて、哲学の対象なのです。

研究方法の違い

　次に、研究方法の観点から両者の違いをみていきましょう。科学では対
象の客観的解明が目指されるのに対し、哲学では取り上げる対象の主観的
解明が目指されます。

　科学の研究方法の特徴として、以下のことが挙げられます。
・機械や機器が必要であること
・分解するという意味での分析であること
・問題解決に多くの人が関わること
・問題解決に時間をかけて、少しずつ問題を解明していくこと
・研究結果の信頼性に対して、再現性、説明可能性を根拠としているこ
　と

　科学の方法上の大きな特徴は、機械や機器が用いられる点です。そして
それが計測や測定に繋がり、必然的に数値で分析結果の成否が語られるこ
とになります。また、対象の関心に合わせて研究しやすいように**分析**（分解）
する方法がとられます（澤瀉、1967、p.40）。科学は、結果が出るまでには、
多くの人が問題解決に関わり、多くの時間がかけられ、少しずつ解明され
ていく性格をもっています。そうして得られた結果は、客観的で再現性が
あることで、信頼性を得ることができます。

　他方、哲学の研究方法の特徴として、以下のことを挙げることができま
す。

・**直観**を重視すること

・**自己反省**であること

・基本的に、1人で行うこと

・問題の本質の追究、意味－価値の追究をすること

　ここに挙げられた哲学の方法論は、基本的にすべて、科学の方法論とは逆だと言えます。直観を重視するとは、実際に自分で体験して、そのときの意識や感覚と向き合うこと（直観）を重視することです（澤瀉、1967、pp.56-67；澤瀉、1987、pp.126-133）。また自己反省とは、直観内容を自分で分析することです。自分の行ったことについて、自分でよく考えてみるのです。その上で、問題解決においては、科学のように分業体制をとって多くの人が関わるのではなく、基本的には自分1人の思索によって、問題の本質や意味、価値の視点から問題解決に向き合う方法が用いられます（澤瀉、1967、pp.46-56）。よく考えてみれば、このような**哲学的**な方法論は、スポーツにおいて運動する人自身が自然にとっている方法であり、この方法なくして学習者の技能向上はあり得ません。

スポーツ運動学～運動を論理的に考えていく哲学的な学問～

　以上の説明から、スポーツにおける「できる」の研究では、自然科学的で客観的な科学的研究だけでなく、主観的で哲学的な研究も根拠をもって位置づけられます。

　そのように考えた場合、スポーツ運動学は、後者の哲学的に研究する運動の学問に位置づけられます。ただし、ここでの「哲学的」とは、経験の助けを借りない純理論的な学問だという意味ではありません。「できる」ための動きかたとそのときの意識や感覚内容を、自分の頭で**論理的**に、そして**現象学的**に解明していく、という意味なのです（金子、2005a、まえがき i ）。

確認問題

●学習者の運動（できる）を考える際の科学的問題意識と現場的問題意識について、その違いも含めて説明しなさい。

●また、科学と哲学の研究方法の特徴について、それぞれ説明しなさい。

| column |

運動現場は哲学する場

　運動が「できる」「うまくなる」ことを目指す体育やスポーツの実践現場では、学習者も指導者も、どんな練習をしたらよいか、どんなことに注意して練習したらよいかなど、いろいろと「考える」ものです。よいイメージを描いたり、何かヒントはないかと連続写真を眺めたり、技術書の解説内容を理解しようとしたり、上手な人にアドバイスをもらおうとしたりと、私たちは知らず知らずのうちに、できるようになるために意外と行動を起こしているものです。体育やスポーツにおいて重要なことは、まだ「できない」運動を「できる」ようにしていこうとするときに、「どのように」頑張ったらよいかを「考える」ことです。この、できるようになるために「考える」ことこそ、哲学するということです。例えば、「もっと上手になるには」と課題を設定し、その課題を達成するためにどうしたらよいかを自らの頭で「考える」こと、しかも論理的に「思考する」こと、これが哲学の原点です（澤瀉、1967、pp.9-19）。ただし、ただ論理的に考えるだけではなく、上手な人の動きを「みる」こと、そしてそこで気になる動きを自分の動きでも「試してみる」こと、そうした実践までも含めて、本当の意味での哲学になるのです。「気になることを深く論理的に考え、わかるまでみて、納得するまで試してみる」のです。そういう意味で、学習者も指導者も、運動現場で哲学をしています。スポーツ運動学は、このような哲学する現場の学問です。

第3講

スポーツ種目の分類

学習内容

　この講では、スポーツ種目は勝敗の決定方式によって3つの競技領域に分類できること、また各競技領域での達成レベルを表す数字とフォームのもつ意味について学習します。

　スポーツの種目は、勝敗の決定方式に従えば、測定競技、評定競技、判定競技に分類できます。これら3つの競技領域では、パフォーマンスの評価や勝敗決定のために、いずれも数字が用いられますが、その数字の性格は以下のように異なります。

- ・測定競技で用いられる数字：機器を用いた測定値
- ・評定競技で用いられる数字：審判員が採点した点数
- ・判定競技で用いられる数字：レフリーが判定したポイント（得点）

　また、3つの競技領域ごとにフォームのもつ意味は異なりますが、練習段階でのフォーム形成はどの競技領域でも重要です。

｜ キーワード ｜

　勝敗の決定方式、測定競技、評定競技、判定競技、数字の性格、測定値、主観的な「点数」、ポイント、フォームに対する考え方、フォームの追求、よいフォームの獲得、自己の直観的評価、他者の印象的評価

（1）勝敗の決定方式による分類

　勝敗の**決定方式**を基準とした場合、スポーツ競技は３つに分類されます（金子、2005a、p.231）。

　１つ目は**測定競技**です。これは時間や空間を測定して、その数値結果の大小で勝敗を決める種目です。陸上競技や水泳の競泳種目がこれにあたります。

　２つ目は**評定競技**です。これは選手が行う「演技」をみて審判員が採点した点数で勝敗を決める種目です。体操競技やフィギュアスケートなどが代表的種目です。

　３つ目は**判定競技**です。これは、選手のプレーがレフリーによって二者択一的に判定され、与えられたポイントで勝敗を決める種目です。ここには、測定競技と評定競技以外のボール種目や柔道、剣道などの武道系、格闘系の種目が入ります。

　なお、スキージャンプのように距離と飛型点を組み合わせて勝敗を決める種目もあります。

（2）各競技領域における数字の性格

　これら３つの競技領域では、いずれも数字でパフォーマンスの状態が表され、勝敗が決定されます。そこで用いられる**数字の性格**は競技領域によって異なります。測定競技の数字は、測定機器を用いて測られた客観的な「**測定値**」です。これに対して評定競技の数字は、今日、一部には機械による採点が導入されてはいますが、基本的に審判員が採点ルールに従って出した**主観的な「点数」**です。また、判定競技の数字は、状況によってビデオ判定もありますが、基本的にレフリーの判定によって獲得される「**ポイント**」です。

　このように測定競技、評定競技、判定競技の、それぞれの競技領域における、勝敗決定のために用いられる「数字」の性格は異なります（解説3-1参照）。

a．測定競技：時間や空間を測定して、その数値（記録）で勝敗を決める
　スポーツ種目領域（陸上競技、競泳など）➡記録（測定）値を目指す！

b．評定競技：選手が行う演技や技を審判員が目でみて採点し、その点数
　で勝敗を決めるスポーツ種目領域（体操競技、フィギュアスケート、アーティ
　スティックスイミングなど）➡高得点（評定）獲得を目指す！

c．判定競技：選手のプレーに対して、レフリーが二者択一的な判定をし
　て、そこで獲得されるポイント数で勝敗を決めるスポーツ種目領域（柔
　道や剣道、サッカーなどの球技系種目）➡ポイント（判定）獲得を目指す！

（3）各競技領域におけるフォームに対する考え方

　それでは、これら3つの競技領域における、**フォームに対する考え方**は
どうなのでしょうか？

　例えば、評定競技の体操競技における宙返りや倒立などの技は、まさに
そのフォームの良し悪しが問われるのであり、その綺麗さやダイナミック
さなどが評価の対象になります。それに対して測定競技では、評定競技の
ような**フォームの追求**はなされません。例えば、陸上競技の100m短距離
走では何秒で走れるかが関心事であり、そのときの走り方やフォームを綺
麗にすることは目標になっていません。判定競技も同様です。例えば、サッ
カーではパスをつなぎ、ボールをゴールに向けてシュートして得点するこ
とが目標であって、そのときのパスやシュートのフォームを綺麗にするこ
とが求められているわけではありません（解説3-2参照）。

解説3-2　各競技領域の特性とフォームの関係

a．測定競技：「速く、遠くに、高く」を目指す➡測定値で勝とうとする（フォー
　ムは直接、勝敗には関わらない）

b．評定競技：「むずかしい技、奇麗な演技」を目指す➡審判員に高く評
　価されようとする（フォームの良し悪しが直接、勝敗を左右する）

c．判定競技：「ポイント（得点）に繋がるプレー（技）」を目指す➡ポイン

トを得ようとする（フォームは直接、勝敗には関わらない）

（4）よいフォームの獲得の重要性

　しかし３つの競技領域とも、質的によいフォームの獲得を目指しています。動きかたやフォームの獲得はどの競技領域においても必要になっています（マイネル、1981、pp.148-149）。

　測定競技において、タイムや距離で勝敗が決まるといっても、例えば、陸上競技では「速く走るための走フォーム」を追求します。また、競泳では「水のかき方」を少しでもよくすることを目指します。それらはいずれも記録に繋げるための「よい」と思われるフォームであり、練習やトレーニングではそのフォームの獲得が目指されます。一方、体操競技やフィギュアスケートのような評定競技では、技自体の出来栄えや捌き方が審判員の評価の対象となります。そうしたことから評定競技では、技の実施の仕方、表現の仕方など、採点基準に照らして、審判員から評価される「よい」フォームの獲得が目指されます。また剣道やサッカーなどの判定競技では、対戦相手からポイントをとることができる「よい」フォームの獲得が追求されます（解説3-3参照）。

解説3-3　各競技領域におけるフォームの意味

a．測定競技：速く走ることのできるフォーム、高く跳ぶことのできるフォーム➡「記録」に反映（「よい記録」を出すためのフォーム）

b．評定競技：２回ひねることのできるフォーム、美しい宙返りのフォーム➡審判員による「採点」に反映（「高い評価（点数）」を得るためのフォーム）

c．判定競技：ボールの蹴り方、投球フォーム➡「ゲーム展開」に反映（一連のプロセスにおいて「多くのポイント、得点」を獲得するためのフォーム）

　つまり、「よい」フォームは評定競技だけではなく、測定値で勝敗が決まる測定競技でも、ポイントをどう取るかで勝敗が決まる判定競技でも、

パフォーマンスの優劣を左右する重要な要因なのです。どの競技領域においてもフォームは、少なくとも練習時には不可欠な練習対象になっています。例えば、陸上競技での腕振りや脚の運び方の「走フォーム」の追求、野球でのバットの「スイングの仕方」、バスケットボールの「パスの仕方」、剣道における「竹刀の持ち方」等々です。そして測定競技や判定競技においても、そうしたフォームは体力とは異なる次元で、最終的に、重要な勝敗決定要因になっています。

　このようなフォームの獲得には、もちろん自然科学的な要因（力学など）や体力因子（筋力、持久力、瞬発力など）が関わっています。しかし、学習者が覚えるべきよいフォームを獲得するためには、少なくとも学習者自身が自分で「まだまだかな？」「よくなってきた気がする」などといった**自己の直観的評価**を積み重ねることが必要です。さらにそれだけでなく、「よい！」「なんだかぎこちない」などといった**他者の印象的評価**を受け続けることが不可欠です。

確認問題

●スポーツ種目は勝敗の決定方式によって、どのような競技領域に分類されるか説明しなさい。
●また、どの競技領域でもフォームや動きかたの習得は重要ですが、その競技における意味や、良し悪しの追求の観点はどのように異なっているか、説明しなさい。

| column |

よいフォームを「想像」できるか

マイネルは『スポーツ運動学』(1981) の中で、次のように述べています。

> 測定種目でも、採点種目でも、実際の運動訓練にとっては、運動系における質に決定的な意義がおかれる。というのは、競技者のもっている筋力、スピード、持久力というものは、それらが同時に質的に高い価値をもつ出来栄えのなかに生かされてこそ、初めて完全にその効力が発揮されるからである。（マイネル、1981、p.149)

この記述は、「質のよい」フォーム形成が、測定競技、評定競技、判定競技のいずれの競技領域でも必要なことを表しています。体力因子はパフォーマンスの発揮の前提ですが、それはフォーム（運動形態、運動経過）との関係をもつ、ということが述べられています。

ただ、ここで考えておくべき重要なことは、質的によいフォームを実現するにはそのフォームを「想像」できるかどうかがポイントとなる、ということです。運動の実践現場、すなわち学校体育でも競技スポーツでも、学習者や選手の立場からすると、よい動き、よいフォームはコピーするものではなく、自ら創り出していくものです。この創造は、想像力を前提とするものです。初心者であろうと、上級者であろうと、理想像を追求するとともに、「いまの」自分に合ったよい動き、よいフォームを「想像」できることが、どの種目でも大切になります。よいフォームは、学習者や選手自身が、自分の活動を起点として、自分の頭で思考し、「想像」し、悩み、絞り出すようなものだと言えます。

第4講

「わざ」であることの認識

学習内容

　この講では、スポーツ運動学では、日常生活やスポーツで行われる身体運動を、物体運動ではなく「わざ」であると認識することを学習します。

　私たちは一般に、人間が日常生活やスポーツで行う巧みな運動を、何の疑問ももたずに、物体運動の視点で考えます。それに対してスポーツ運動学では、スポーツ運動を文化的で社会的に価値ある「わざ」の視点でみようとします。スポーツ運動を「わざ」の視点で考えようとすることがスポーツ運動学の特徴であり、こうした考え方が、身体運動を因果的に考えるのではなく、身体知に目を向けさせることを可能にします。

| キーワード |

　身体運動、物体運動、プレー、技、わざ、技術、身体知、腕前、部分的巧みさ、全身的巧みさ、運動文化財、伝承価値、文化価値、巧みな行為、技術的水準

（1）身体運動の「わざ」的認識

「わざ」としてのスポーツの動き

　走る、ボールを投げる、逆立ちなど、スポーツとして行われる運動は、言うまでもなく**身体運動**です。私たちはそうした身体運動を、**物体運動**の視点から考えることがよくあります（「物体運動の視点」とは、例えば、落下する石ころの運動を物理法則に従って起きる物体運動として考えたり、ロボットの動きを機械的な動きの視点から考えたりといったことです）。しかしスポーツ運動学では、人間が行う身体運動を、物体運動の視点からではなく、**プレー**や**技**の視点から特徴づけられる運動だと理解します。言い換えれば、身体運動を「**わざ**」の次元の動きとして認識します。ここで言う「わざ」とは、人間社会において文化的・社会的に意味と価値が認められ、承け継ぎたいと憧れる人の出現に裏打ちされる、人間の運動行為を意味しています（金子、2002a、p.38）。そして、このわざを特徴づけているのは、**技術**と、運動を巧みに行うことを可能にさせている「**身体知**」です。

　このような意味の「わざ」には、例えば、大工や工芸家などの職人のわざ、歌舞伎や能などの伝統芸道におけるわざ、サーカスにおける曲芸師のわざがあります。これらのわざを身につけるには一朝一夕にはいきません。相当な忍耐、努力、工夫が要求されます。スポーツで行われる運動や巧みなプレーも、そうした意味では、「わざ」という認識で考えることが重要です（解説4-1参照）。

解説4-1　「わざ」の世界

●**職人のわざ**（技）
　訓練によって身につけ洗練させた技術によってものを作る人（左官、大工、宮大工、工芸家、陶芸家、漆塗り職人、寿司職人など）のもの作りのわざ。
●**伝統芸道*におけるわざ**（芸）
　修練によって身につけた歌舞伎、能、茶道、華道、落語などの特別の技芸。
　*芸道（芸能）**の分類**（柳、2008、pp.21-29）
　　・時間の芸術：文学、詩歌、劇の対話、小説。音楽。これらは時間性

を基礎としている。

・時空間の芸術：舞踊、演劇、歌劇。これらは動作を主とし詩歌や音楽を含むため時間的であり、他方、衣装や背景など眼に訴える形を有するため空間的でもある。

・空間の芸術：造形芸術、美術（建築、絵画、彫刻）、工芸。これらは動作を主としない静的芸術とも言える。この場合、美術が美のために作られる作品であるのに対し、工芸は実用のための作品である点に違いがある。

●**曲芸師のわざ**（業）

サーカスなどにおいて行われる宙返りやアクロバット、手や足を巧みに用いて行われるジャグリングなどの芸、また綱渡りなどの常人にはできない離れ業。

●**スポーツにおけるわざ**（技）

体操競技、飛込競技、フィギュアスケート、柔道などにおける技。

わざの概念

　本講義ではあえて、平仮名で「わざ」と表記します。あえて平仮名を使うのには、それなりの理由があります。

　通常「わざ」と言えば、それは漢字の「技」で表されます。この漢字で意味されているのは、人の「技能としての**腕前**」です。それは人が木の枝をもち、巧みに振る舞うといった、手を動かすことの巧みさを意味しています（金子、2002a、p.230）。

　このように、「技」は元々、手や腕の巧みさを意味していました。しかし、それが手や腕に限定されることなく身体動作全般にまで及んでいき、技は、「巧みさ」の価値を表す概念になっていきました。こうして、語源的には手の巧みさを意味し、**部分的巧みさ**を価値づけていた「技」は、それに止まらず、**全身的巧みさ**にまで及ぶ行為価値を表す概念になっていったのです（金子、2002a、pp.76-77；マイネル、1981、pp.255-260）。古来の舞楽や能楽の伝承、技芸、遊芸や武芸、あるいは歌舞伎や能などの伝統芸道では、それぞれの領域での技や演技に価値が見出され、それが伝承されてきたのです。

例えば、徒然草では、弓の使い方、馬の乗り方などの武芸が価値あるものとして取り上げられました。また、風姿花伝では、表現運動が伝統価値のある演技として認められていました。これらは歴史的にも社会的にも、伝承されることに価値が認められるものだったのです。言い変えれば、武芸や伝統芸道における技は、**運動文化財**としての価値をもっていたのです（金子、2002a、p.403）。現代においても、学問や美術工芸、さらにはスポーツの世界において、技やプレーは価値あることとして受け継がれ伝承されてきています。こうした経緯から、「技」は人間社会において**伝承価値**をもつ運動文化財であると言えます。

　このように運動文化財は、通常「技」という漢字で表記されることが多い傾向にあります。しかし、実際にはいろいろな漢字が使われます。またあえて、平仮名の「わざ」を使うこともあります。

　例えば、練習対象を表すときに「技」を使ったり、その「技」を身につけた状態を表すのに「業」が使われたりします。さらにその「業」を使って「人間業（にんげんわざ）とは思えない」や「それは神業（かみわざ）だ」と言って、身体知による驚異的な成果を表現することもあります。さらに、伝統芸道では「芸」や「態」を「わざ」と読むことも多くあります。そこでは「肉体を用いて、踊ったり、演じたり、描いたり、嗅いだり、味わったり、弾いたり」して、**文化価値**を創り出したり、再創造することが目指されます（わざ、技、伎、芸、態、業）（金子、2002a、pp.402-403）。

　　芸（わざ）とは、肉体を用いて、踊ったり、演じたり、描いたり、嗅いだり、味わったり、弾いたり等々、体の全体または一部をはたらかすことによって、文化価値を創り出すとか、または再創造とかする、そのはたらきをいう。ここでいう芸（わざ）という対象は、技芸・遊芸のみならず、武芸でも工芸でも読み取ることができるし、もちろんスポーツのわざにも広げることができる。（金子、2002a、p.402）

　このような視点でみた場合、スポーツの運動やプレーも技、芸、業、態といったいろいろな漢字で表し得る性格をもつ運動文化財だと言えます。スポーツ運動学では、こうした運動文化財としての側面を前面に出すことを前提として、スポーツの運動をあえて平仮名で「わざ」と表記します。「技」を使うことによって、単なる腕前的なイメージだけが強調されないようにするためです。「わざ」と平仮名表記をすることによって、スポーツ運動

が運動文化財的価値をもつ、水準の高い技術力を背景にした**巧みな行為**であることを強調しています。もちろん、特定の分野や領域のことが話題やテーマになるときには、それにふさわしい漢字が用いられます。

（2）スポーツの動きの「わざ」的認識

　こうした考え方を背景にして、スポーツにおける運動（陸上競技や競泳などの走りや泳ぎなど）、プレー（サッカーやバスケットボールなど）、技（体操競技や柔道など）を「わざ」と表記して考えるのが、スポーツ運動学の基本的立場になります。

　スポーツ運動は、力学や生理学の立場からすれば、もちろん「身体運動」です。しかしスポーツ運動学では、それを伝統価値のある運動文化財的視点からみた、**技術的水準**の高い「わざ」として取り上げるのです。つまり、宙返りや巧みなボール捌きだけでなく、走るや跳ぶなどの人間の基本運動も、それがタイムや距離の「追求」という、スポーツ競技にとって価値ある目標が掲げられた瞬間に、単なる身体運動の域を出て、「わざ」に性格を変えるのです。スポーツ運動学ではそうした理解をします。

　このように、人間の身体運動を「わざ」として認識することは、身体運動を身体知の次元で考えることに意味を見出させることになります。絵画における筆遣いや料理における包丁捌きから、スポーツで行われる身体の巧みな動作に至るまで、それらをすべて「わざ」だとし、それを身体知との関係で考えようとするのがスポーツ運動学の考え方です。

確認問題

●スポーツ運動学において、身体運動を「わざ」と認識する理由について
　説明しなさい。
●また、「わざ」の概念について説明しなさい。

| column |

『わざの伝承』の理論（金子の考え方）

　金子は2002年の『わざの伝承』の出版をきっかけに、その後『身体知の形成 上・下』（2005）、『身体知の構造』（2007）、『スポーツ運動学』（2009）、『運動感覚の深層』（2014）、『わざ伝承の道しるべ』（2018）等々と、マイネルのスポーツ運動学（モルフォロギー運動学）を現象学的立場から独自に発展させた発生運動学（現象学的な運動感覚論）の理論を次々と発表しています。金子の運動理論の特徴は、現場の運動理論の中に、「わざ」と「伝承」という2つの独自の概念を導入した点です。私たちは普通「身体運動」を自然科学的な次元で考えてしまいますが、それを運動文化の視点から「わざ」の概念で位置づけたことが1つ目の特徴です。もう1つの特徴は、指導（教えること）を、わざ（文化）を後世にどのように伝えていくかという「伝承」次元で考えようとしたことです。この点を理解する上で参考になるのは『わざの伝承』（2002）の「第1講　運動文化の伝承」（pp.38-104）です。

　なお、今日のスポーツ運動学（発生運動学）が現象学的理論を基底に据えているのは、理論そのものの考え方の中核に、この2つの概念が置かれていることと関係していると言えます。

第5講

「わざ」の生成

学習内容

　この講では、スポーツ運動を「わざ」として生成させることに関する重要な考え方や用語、概念を学習します。具体的には、以下の4点です。

- ・わざ言語、運動の技術的表現：「腰をためる」などといった、身体知を機能させる一種独特なことば
- ・相即原理：自らの行動と周囲の環境が一体となっている原理
- ・形態学：ゲーテの形態学は、動的なかたち、かたちの変化、成長を扱う学問であり、スポーツ運動学の方法論として核となる形態の理論
- ・創発と促発：わざを自ら生み出そうとする創発、その創発を他者が積極的に促す促発

| キーワード |

　伝統芸道、運動の技術的表現、わざ言語、わざの生成、相即、因果律、理想像、かたち、モルフォロギー、ゲーテ、自然観察、対象的思惟、フォーム（運動形態）形成、形態学の思想、創発、促発、パトス的、自得の美意識

（1）わざ生成と形態学

伝統芸道におけるわざの生成方法の特徴

———

　伝統芸道（生田、1987、pp.7-8）の世界において、指導者が学習者に「わざ」を教え、「わざ」を生成させる方法には、いくつか特徴があります（解説5-1参照）。それは、学習者に「模倣させる」「段階を追って教えない」「わざの良し悪しについて明確な評価をしない」ということです（生田、1987、pp.9-18）。これらは学校教育での方法とは異なります。伝統芸道の世界では、「わざ」を自分のものにするとは、技術としての技の習得が目的ではなく、全生活を投入して「わざの心構え」（精神）を習得することが目的だ、という考え方が基本になっています（生田、1987、p.14）。1つ1つ丁寧に、細かく手取り足取り教えるような合理的な方法をとらないのは、そのためです。

| 解説5-1 | **伝統芸道におけるわざの習得方法**（生田、1987、pp.9-18） |

・模倣：とにかく真似る、見て盗む
・非段階性：いわゆる段階練習、明確な体系的指導というものがない
・非透明な評価：何がよくて、どこが悪いのかをはっきりと言わない

身体知の表現としてのわざ言語

———

　伝統芸道や職人の世界では、学習者に「わざ」を生成させるために、一種独特なことばが用いられます。例えば、声楽での「腹から声を出せ！」などといった言い方や、スポーツの現場での「腰をためる」「手首のスナップを利かせる」「相手の懐に入る」などの言い方です。これらは**運動の技術的表現**であり（金子、1974、pp.59-61）、**「わざ言語」**と言うことができます（解説5-2参照）。

・理論的用語

　専門的用語（科学的な記述・説明用語）。例：原子、電子

・婉曲的用語

　遠回しな表現。例：学業不振者、発展途上国

・技術的用語（≒わざ言語）

　技能の教授において使われる言語。相手に関連ある感じや行動を生じさ
　せたり、活動の中身を改善したりするときに使われる用語で、学習者に
　ある望ましい動作を生じさせることを目的としている。

　こうしたわざ言語は、**わざの生成**に重要な役割をもっており、身体知の
表現そのものだと言えます。例えば、「腰をためる」という言い方は、「た
める」という表現で学習者の中にそのわざのポイントをイメージさせ、わ
ざの生成をしやすくさせているのであり、そうした言葉をわざ言語と呼び
ます。言い換えれば、運動の技術的表現やわざ言語は、身体知の活性化を
促し、わざの生成をもたらすことばです（生田、1987、pp.97-105）。だから
こそ、指導場面ではよく使われるのです。

わざの生成と相即原理

　伝承価値があり、高度な技術を要する「わざ」は、「**相即**（そうそく）」という原理
によって生成されます。相即とは、主体と環境とが、1つの秩序の中で、
特定の関係をもって結びついている関係を言います（ヴァイツゼッカー、
1975、p.42、p.307）。例えば、私（主体）が水たまり（環境）を避けて歩こう
とするとき、そのときの歩き方（動き）は独特の歩き方になります。この
とき、私（主体）と歩く際の水たまりの状況（環境）は結合し、「1つ」（相即）
になって、独特の歩き方（動き）を出現させているのです。ですから、こ
の場合の歩き方（動き）は、相即的に生まれていると言えます。

　わざの生成は、このような主体と環境の1つの秩序（相即）を前提とし
て可能になっています。わざは、時間的に先行する原因の積み重ねの上に
生じる（**因果律**：川嵜、2001、pp.26-30）のではなく、いま自分が目指そうと

している運動像や**理想像**（金子、1974、pp.210-220）を、状況に合う形（相即）で獲得しようとして生成されるのです。運動学では、わざの生成のしくみをこのように考えます。

わざとフォーム（かたち）

わざの生成は、フォーム形成を意味します。現場において、わざの良し悪しをみる場合、どんな動きかたで、どんなフォーム（運動形態）になっているかを取り上げることが必要です。その意味で、「**かたち**」の学問である形態学の立場に立つことが求められます。

モルフォロギー（Morphologie）と呼ばれる「かたち」を扱う形態学そのものは、文豪であり自然研究者でもあった**ゲーテ**によってはじめて提唱されました（ゲーテ、1980、p.43）。それは、**自然観察**の方法論であり、元々、植物の茎や葉、動物の骨などを対象として、その「かたち」（形状、形態）を扱うものでした。ゲーテは自然研究において、そうした「かたち」を観察する（「みる」）ことの重要性、観察態度（**対象的思惟**）（金子、2002a、pp.178-179）の必要性を主張しました（対象的思惟について、詳しくは第26講を参照）。また、ゲーテが考えていた「かたち」（形態）は静的で固定され、変化のないものではなく、動的で変化変容していくダイナミックなものでした。ゲーテは、対象をじっくり、注意深く「みていく」（熟視）ことを徹底させるだけで、私たちは対象の問題を理論化している、と述べています（ゲーテ、1980、p.307）。いずれにしても、この形態学自体は、体育やスポーツのわざの問題とは直接的な関係はありません。

しかし、わざの動きかたやフォーム（かたち、運動形態）の視点は、スポーツのわざの生成においては不可欠な視点です。それは、ゲーテが自然研究において重視した「かたち」の視点と同じだと言えます。このようなことから、スポーツにおいても、**フォーム（運動形態）形成**は、学問として取り上げられる必要があります。その意味で、マイネルの運動理論のように（ゲーテの）形態学の立場に立つことには意義があるのです（Meinel, 1963, p.111；金子、2002a、pp.167-186）。

今日、スポーツ運動学は、このゲーテのダイナミックな**形態学の思想**（金子、1995、p.2；金子、2002a、pp.170-175）を積極的に取り込んでいる運動理論です（佐野、2020、pp.14-18）。

（2）創発と促発

スポーツ運動学では、運動現場において、わざの生成をもたらす2つの契機に目を向けます。1つは学習者自身の**創発**、もう1つは学習者のわざの創発を指導者が促す**促発**です（金子、2005a、p.83）。

創発

創発は、学習者がいま、自分が取り組んで練習している動き（わざ）を、自ら生成−発生させようとすることです。学習者は、「わざ」を「できる」ようになるために、何を意識したらよいか、どんなイメージを描いたらよいか、どんな感じになるとよいかを探し求めようとします。それも、きわめて切実な心的状態（**パトス的**）（ヴァイツゼッカー、1975、pp.307-308）で探し求めるものです。このように、自らの動きをわざとして生成−発生させようとすることを、「創発」という概念で表します（解説5-3参照）。

| 解説5-3 | 創発（運動創発） |

・自分自身で新しい運動図式（運動形態、運動ゲシュタルト）を形成する営み
・あるまとまりをもった「私の動感運動（構造）」を自ら発生させること
➡パトス的

促発

指導者が学習者の創発を促すこと、すなわち、学習者における望ましいわざの発生を促すことを「促発」と呼びます。この場合、目の前にいる学習者に働きかけて、コツやカンといった、実施上のポイントを感じさせたり意識させたりすることが必要です。しかし、実際、コツやカンを指導することはきわめて難しいものです。私たちは、指導がうまくいかなくなると、「自分でできるようになることが尊いのだ」といった「**自得の美意識**」

（金子、2002a、pp.44-50）の思想をもち出して、指導を放棄していないでしょうか？　自分で苦労してできるようになることこそが大切だとして、学習者を突き放してはいないでしょうか？　さらに、丁寧な指導から逃げたり、うまく指導できない自分をカムフラージュしたりしてはいないでしょうか？

　促発は、他者に働きかけるきわめて人間的な行為であり、人間の複雑な心的状態（パトス的）を背景にしている重要な指導行為です。運動指導において指導者は、自分の行為が、この促発であるという自覚をもつことが大切です（解説5-4参照）。

解説5-4　　促発（運動促発）

・私（指導者）が二人称の相手（いま指導している学習者）の運動創発を促す営み
・学習者に対して、運動ができるように仕向けていくこと
➡パトス的

確認問題

●わざ言語について、説明しなさい。
●また、相即原理について、説明しなさい。
●さらに、創発と促発のそれぞれの概念、および、その関係について説明しなさい。

| column |

わざ言語、技術の運動表記の重要性について

————

　現場において、「わざ」ができるようになるために学習者や指導者が取り上げる、動きかたに関する「ことば」や言語表現、単語（わざ言語、技術の運動表記）は、私たちが考えている以上に重要なものです。ことばは、「できる」に本質的に関わっていると理解することが重要です。本書でも、それが身体知の機能に働きかける上で重要であることを指摘しています。

　確かに、わざ言語や運動の技術的表現は、一種謎めいた言葉や表現です。そこに関わらない人からすれば、それらは奇妙で理解しがたいことばや表現でしょう。しかし、実践現場では、これらのことばや表現は、学習者によい運動のイメージを誘発させるなど、運動の課題達成を大きく左右する「力」をもっているのです。そうした意味で、わざ言語や技術表現の仕方に関する研究は、現場を活性化させる上で必要です。

第6講

わざの生成意識：

局面分節意識

学習内容

　第6・7・8講では、学習者に、自分の動きを「わざ」として形づくることを可能にさせている意識（わざの生成意識）について学習します。

　これら3つの講で取り上げる内容は、マイネルが『スポーツ運動学』（金子訳、1981）で「運動系の質カテゴリー」として説明しているものです。マイネルの視点は基本的に、第三者が観察して取り上げる動きの質の視点でした。本書では、そうした動きの評価視点である「運動系の質カテゴリー」を、学習者が自分の動きをわざとして行うときに機能させなければならない、内的なわざ生成意識として取り上げます。

　この講では、マイネルが取り上げた準備局面、主要局面、終末局面からなる局面構造の内容を、学習者がわざをつくり出そうとする際の局面分節の意識として説明します。

| キーワード |

　マイネル、局面構造、準備局面、主要局面、終末局面、主動作、準備動作、付加性の予備的運動、導入動作、結果関係、因果関係、目的関係、非循環運動、循環運動、組合せ運動、3分節構造、2分節構造、中間局面、融合局面、局面の融合、わざの生成、構造化、局面分節意識、「できそう」な感じ、感じを「探る」、抑制、フェイント（虚構動作）

（1）マイネルの局面構造

運動を成立させる3つの局面

———

　マイネルが説明する**局面構造**（マイネル、1981、pp.156-166）は、「運動系の質カテゴリー」として取り上げているものであり、例えば走ったり、ボールを投げたり、逆上がりをしたりするなどの運動が、**準備局面**、**主要局面**、**終末局面**と名づけられる3つの局面からなっているとする、運動の基本構造です。これら3つの局面の「展開の仕方」は、動きの良し悪しを左右します。

準備局面

———

　準備局面は、次に続く主要局面の**主動作**がうまく展開されるために準備をする、**準備動作**が展開される局面です。準備局面は、**付加性の予備的運動**（助走、予備跳躍、グライド動作など）と、**導入動作**と呼ばれる動きからなっています。

　跳び箱運動や走り幅跳びなどの助走は、付加性の予備的運動です。これは、準備局面内の運動として、「勢い」をつける準備機能を果たしています。

　また、そうした付加性の予備的運動に続いて生じ、次の主要局面内の主動作に直接繋がる動作を、導入動作と呼びます。導入動作の特徴は、その運動方向が主動作の方向とは反対方向である点です。例えば、ボールを「前方へ」投げるときは、投げる方向と反対の「後ろ方向に」、ボールをもっている腕が一度引かれます（バックスイング）。また、「上に」ジャンプするときには、膝を曲げて、いったん「下へ」の沈み込み動作が生じます。これらの動作が、導入動作です。

　こうした準備局面の中にあるいろいろな動作（付加性の予備的運動や導入動作）を、準備動作と呼びます。準備動作の発生の仕方は、次の主要局面内の主動作の展開の仕方に影響を及ぼします。

主要局面

————

主要局面は、運動の課題を達成する主動作が展開される局面です。例えば、ボールを10m先の相手に向けて投げる場合、その「投げる」という特徴的な「投動作」が現れる局面です。また、逆上がりの場合には、鉄棒の上に「支持姿勢」になろうとするという、逆上がりを特徴づける一連の流れの動作が現れている局面になります。

終末局面

————

終末局面は主要局面で展開された後に続く、その課題を達成する動作を収める局面です。ボールを蹴るのであれば「蹴る」主動作、投げるのであれば「投げる」主動作が、終末局面において「終わる」ことになります。具体的には、ボールを投げ終わった後に現れる前方への腕振りや、身体全体の解緊状態が現れる局面です。終末局面の発生には、主動作後に「自然にそうなってしまう」場合や、「意図的にそうする」場合があります。またスポーツ運動は、１つの動作を単独で行うこともありますが（シュートをする、鉄棒で前方支持回転を１回するなど）、連続したり繋げたりして行うことが多くあります（パスされたボールをすぐに投げ返す、鉄棒の前方支持回転を連続するなど）。このように、同じ動作を連続したり、２つの違う動作を繋げたりするような場合には、終末局面の動作は次の運動の準備動作にもなっています。

３つの局面の関係

————

これら３つの局面間には、次の３つの関係があります（図6-1参照）。１つ目は、時間的に前の局面が、それに続く局面に影響を及ぼす**結果関係**です。２つ目は、主要局面と終末局面の間にしか成立しない**因果関係**です。３つ目は、運動が実際に行われる前に、時間的に後で生じる予定の局面で何が行われるかにより、それより前の局面が影響を受ける**目的関係**です。この目的関係の例としては、ある児童が助走はできるものの、

図6-1 各局面間の関係（Meinel/Schnabel, 2007, pp.80-81を元に筆者作成）

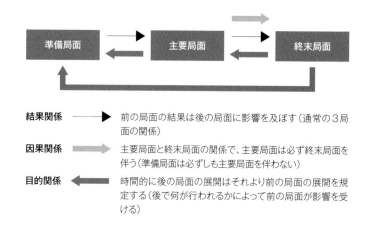

結果関係	⟶	前の局面の結果は後の局面に影響を及ぼす（通常の3局面の関係）
因果関係	⟶	主要局面と終末局面の関係で、主要局面は必ず終末局面を伴う（準備局面は必ずしも主要局面を伴わない）
目的関係	⟵	時間的に後の局面の展開はそれより前の局面の展開を規定する（後で何が行われるかによって前の局面が影響を受ける）

跳び箱の直前で止まってしまうなどといったことが挙げられます。この場合、児童は助走の後で行われる「跳び越す」ことに怖さがあるなどの理由に影響され、跳び箱の直前で止まってしまっているのです。

局面構造の視点からの運動の分類

　このような局面構造の視点で、スポーツにおいて行われる運動を分類してみると、**非循環運動**、**循環運動**、**組合せ運動**の3つに分類することができます。

　「準備→主要→終末」という局面の流れが1回起きることで、運動の課題（例えば、ボールを投げること）が達成される運動を、「非循環運動」（基準となる「準備→主要→終末」の局面が循環しない運動）と呼びます。運動の構造としては、非循環運動では局面の**3分節構造**（準備→主要→終末）が特徴です。

　これに対して「循環運動」は、歩いたり走ったり、また泳いだり自転車をこいだりといった運動で、（「準備→主要→終末」という単位で）同じ動作を繰り返すことで成立します。循環運動の局面構造では**2分節構造**（中間局面→主要局面→中間局面）が特徴です。中間局面とは、前の運動の終末局面と、次に続く準備局面が融合された局面（**融合局面**）です。この中間局面は、動作を「繋げる」機能を果たします。

　また、野球などでみられる（ショートがゴロを捕球して、直ちにステップを踏んでファーストに投げるなどといった）、ボールを捕球する動作と投げる動作を組み合わせた場合の運動を、「組合せ運動」と呼びます。この組合せ運動の場合でも、前の運動の終末局面の動作と、次の運動の準備局面の動作が融合し「中間局面」を形成します（マイネル、1981、p.163）。この**局面の融合**がうまくいけばいくほど、よい組み合わせになり、特徴的なフォームが生まれます。組合せ運動には、「時間的に順次性をもった組合せ（助走してから跳ぶなど）」と、「時間的に同時に行われる組合せ（宙返りの中にひねりを加えるなど）」があります。

（2）局面の分節意識

意識すべき局面の分節

　視点を変えてみた場合、これまで説明してきた局面構造は、わざを生成するときに、学習者自身が意識すべき内容です（金子、2009、pp.223-224）。すなわち、どんな準備局面を起こし、どのように主要局面を展開させ、終末局面では体勢をどのようにつくろうとするかという意識です。**わざの生成や構造化**は、学習者のこの**局面分節意識**に左右されます。

導入動作を繰り返す際の意識

　準備局面内の導入動作は、ただ1回だけでなく、繰り返されることも多くあります（マイネル、1981、pp.159-161）。導入動作が繰り返される（反復される）場合、大きく2つのケースに分けられます。

　1つ目は、本来の導入動作にさらにもう1回、導入動作を付け加えるケースで、このときには本来の導入動作を「しやすくする」という意識が働いています。この場合、付け加えられた動作の方向は主動作と同じになります。例えば、テニスのサーブで、ボールを投げ上げてボールを打とうとするときの「イチ（ボールをもち、ラケットを前で構える）・ニ（ラケットをもった腕を後ろに引く）・サン（ボールを打つ）」といった、リズム取りのケースが挙げられます。

　2つ目は、導入動作を複数回繰り返そうとするケースです。これにはプラスの意味とマイナスの意味があります（解説6-1参照）。

解説6-1　導入動作の繰り返しの意味

・プラスの意味：導入動作の繰り返しによって、これから行う運動の「感じ」や、できそうな「感じ」を出そうとする
・マイナスの意味：導入動作を繰り返すことで、準備が長引き、運動するきっかけがわからなくなり、意識を集中できず、無意味な導入動作になってしまう

　プラスの意味の場合は、複数回繰り返すことによって、自らよい運動実行のタイミングを探るようにして**「できそう」な感じ**を呼び込もうとして行っているケースです（マイネル、1981、p.160、p.457）。例えば、ボールを遠くに投げるような場合、どんな感じで行ったらよいか、意識的にその**感じを「探る」**ようにして、導入動作を反復させる（腕振りを繰り返す）場合です。

　一方、マイナスの意味の場合には、自信がない、怖いなどの気持ちや、そもそも行おうとしている運動が感覚的にまだ十分にはわからないことから、無意識的に、単なる反復現象として導入動作の繰り返しが起きてきます。例えば、初心者が鉄棒の前回りをする場合、どんな感じでどんなタイミングでどんなことに気をつけたらよいかがわからない場合です。そうしたときには、支持姿勢で、何度も脚振り動作を繰り返しますが、準備が長引くことで運動するきっかけがわからなくなったり、意識を集中できなかったりと、無意味な導入動作になってしまうのです。

導入動作を抑制する際の意識

　他方、導入動作を**抑制**することもあります。導入動作は主動作を起こしやすくするための役目をもっているので、本来はしっかり行われることが必要です。しかし、戦術的理由や競技規則上の理由から、導入動作を抑えようと意識することがあります。

　例えば、陸上や競泳のスタート動作はタイムに大きく関わるので、大袈裟な飛び出し動作を避け、少しでも無駄のないスタート動作をしようと意識することが必要になります。陸上のクラウチングスタートで前方に飛び出す場合には、腕はまず後方へ振り出されますが、その後方への腕振り動作を抑制しようと意識します。またバスケットボールでは、準備動作を大きくしたボール投げ動作は予想されやすいため、相手に簡単にカットされてしまいます。そうしたときには、導入動作は抑制される方向に向かいます。さらに、体操競技や新体操などの演技種目としての評定競技では、本来の導入動作をすると「わざ」として「無駄な」動きと評価されることもあります。そうしたときにも、導入動作を抑制しようと意識するものです。ただしそのときには、導入動作を抑制したとしても「わざ」の評価が高くなるようなパフォーマンスの追求が必要になります。

　また、ボールゲームでよくみられる**フェイント**（**虚構動作**）は、局面構造的に言えば、自分がいま行っている動作展開を相手に誤って認識させようとするものです（マイネル、1981、pp.161-162、pp.234-235）。このときには、いま行っているその動作の導入動作を抑制しようとする意識が働いています。例えば、自分がいま「A」の動作をしようとして準備を開始すると、相手は当然その「A」の動作展開を予想して邪魔をしようとします。そこで、「A」の準備動作を途中で変更して、「B」の動作（主動作、主要局面）に切り替え、相手に対応させないようにするのです。

　以上のような準備、主要、終末の局面分節意識は、学習者が「わざ」を生成させようとする（構造化させる）ときには、不可欠な意識です。

確認問題

● 準備、主要、終末の３局面のそれぞれの機能と各局面間にある関係を説明しなさい。

● また、導入動作の抑制がプラスの意味をもつケースについて説明しなさい。

| column |

「わざ」の遂行意識と局面展開の意識

————

　逆上がりや走り高跳びをする場合、学習者はその逆上がりや走り高跳びを「わざ」と意識して身体を動かそうとします。そのときには、どのような動きをしたらその「わざ」ができるか、どこをどのように注意して行えばもっとよい「わざ」になるかを、自分自身の視点から「考え」ます。学習者にとっては、逆上がりや走り高跳びは単なる運動ではなく「わざ」として、しかも価値ある「わざ」として考えられているのです。その上で、「わざ」を成立させるにはどう動こうとすることが重要なのか、が考えられているのです。このようなときには、学習者の意識上では、そのわざの流れの基本構造が描かれていると言えます。その構造化が適切であればあるほど、質の高い「わざ」が生成される可能性が出てきます。基本構造としての「準備→主要→終末」の運動局面の流れや展開、組合せの際の局面の融合の感じが、学習者の意識の上に最適に生じていることが、生成する「わざ」の質を左右するのです。

第7講

わざの生成意識：

リズム意識

学習内容

　この講では、運動におけるリズムの概念と内容を理解し、わざの生成には、リズムを意識することが重要であることを学習します。

　リズムは、人間世界の広範にわたる内容と現象に関係づけられて、周期性、循環、反復性、抑揚、起伏、調和、調子と解されている内容です。音楽、芸術、生理学、言語などのスポーツ以外の学問分野や領域でも、それぞれの領域固有の現象を成立させる、重要な要因として位置づけられています。ただ、リズム概念は、どの学問領域でも同じように理解されているわけではありません。例えば、音楽や芸術領域では作品に命を吹き込む要素としてとらえられているのに対し、生物学や天文学では周期現象として理解されているように、学問領域によってリズムについての考え方は異なります。スポーツ領域では、リズム（基本リズム）を、感覚的な分節的力動性として、わざを生成（構造化）させるために重要な意識だ、と学習者自らが理解することが必要です。

| キーワード |

　リズム、流れ、周期性、抑揚、起伏、旋律（メロディ）、タクト（拍子）、生命的、感性、周期現象、動、静、間、人間周期律、バイオリズム、力動的な分節、主観的リズム、分節的力動性、時間性、アクセント性、分節性、分節的力動感、固有リズム（基本リズム）

（1）リズムの概念

「リズム」とは何か

———

　運動の世界では、動きのポイントを人に教えるようなときに、よく「ここはタンタタターンという感じで！」などと表現して、アドバイスすることがあります。また、学習者本人も、そうしたことをイメージして運動しようとします。これは**リズム**を意識してわざを形づくることを目指している、と言えます。しかし、そもそもリズムとは一体何なのでしょうか？リズムがスポーツの世界でどんな概念として取り上げられているかを考える前に、リズム一般の問題に目を向けておきましょう。

　リズムは、自然、文化、社会、生活、言語、運動等々において、人間世界のさまざまな事象現象を表すのに使われている言葉です。そこではリズムは、事象の**流れ**、**周期性**、循環、反復性、変化変動、**抑揚**、**起伏**といった内容を表します（藤田、1980、pp.173-177；Röthig, 1963, p.341；Röthig, 1981, p.7）。

　以下ではまず、スポーツ以外の学問領域（音楽、天文学、芸術、生理学および生物学、言語学）でのリズムの取り上げられ方についてみていきましょう。

諸学問におけるリズムの概念規定

———

　音楽を構成する要素は、リズム・**旋律**（メロディ）・和声の３つだと言われています（芥川、1981、pp.87-88）。ただし旋律と和声がなくても、例えば、打楽器のリズムだけでも音楽は成り立つ反面、リズムを欠くと、音楽はなくなるとも言われます。そのくらい、リズムは音楽の中で核となる存在だと認識されています。このリズムに関係するものに、**タクト**（拍子）があります（マイネル、1981、pp.172-175）。タクトは、ラテン語の「叩く」に語源をもつ、機械的で規則的な反復現象を言います。それに対してリズムは、タクトのように決まった尺度で計れるものでも、反復現象でもありません。この両者の関係について、哲学者クラーゲスは興味深い説明をしています。そこでは、リズムは**生命的**で霊魂的なもので、**感性**に働きかけるものであり、一方タクトは人工的で機械的なもので、理性に働きかけるものである、

といった点が強調されています。このように音楽において、リズムは、作品に命を吹き込む要素としてとらえられているのです。

　天文学領域では、リズムは、太陽系の周期や、彗星の周期である天体の回転、**周期現象**に対して使われています。すなわち、四季の移り変わり、月の満ち欠け、潮の干満、昼夜の交替といった、自然現象の反復回帰現象を表すのにリズムの語が用いられているのです。

　芸術領域では、リズムは、動的な作品、静的な作品のいずれにも生命を与え、価値ある作品に不可欠な要素、要因としてとらえられています。例えば、映画、舞踊、歌舞伎や能などの伝統芸道では、「**動**」のリズムが問題になります。一方、１枚の写真や瞬間の写真、絵画、彫刻、建築などでは、「**静**」のリズムが問題になります。リズムは、作品を立体的で奥行きのあるものにし、また私たちを感動させるものです。なお、静のリズムは「**間**」（藤田、1980、pp.205-232）としても取り上げられ、その静的な一瞬が、作品を生き生きとさせるものだとされています。

　生理学および生物学的領域では、食欲、呼吸、脈拍などの生理的な規則的周期に対して、リズムという言葉が使用されています。また**人間周期律**としての**バイオリズム**では、人間には身体周期（23日）、感情周期（28日）、知性周期（33日）があると言われており（PSI学説）、この周期で好調と不調の波や山がやってくると説明されています。これらの周期の開始は、人間の誕生の時点にあります。なお、この人間の生理的周期としてのバイオリズムの知識は、スポーツ競技では、意識的、無意識的に、トレーニング計画や周期論に役立てられています。

　言語学の領域でも、リズムはよく取り上げられる問題です。どの国の言語においてもリズムがあります。例えば、日本語なら日本語のリズム、英語なら英語のリズムがあります。そして、実際に言葉を使えるようになるには、その国の言葉独特のリズムを身につける必要があります。言語領域において、リズムを構成している要素には、イントネーション、音の強弱、音の長短、話すスピード、間、区切りなどが挙げられます。また会話はもちろんですが、文章でもリズムは重要な役割を果たします。例えば日本語において、平仮名ばかりで、句読点もなく書かれたような文章は読みにくいものです。このとき読みにくくなるのは、そこにリズムが生まれないからだと言えます。

（2）わざを成立させるリズム意識

スポーツ領域におけるリズムの概念規定

————

　ではここからは、リズムがスポーツの世界で、どんな概念として取り上げられているかについて考えていきましょう。

　スポーツの練習場面や指導場面で、「もっといいリズムで！」「リズムが狂ってきた！」などと言うことがあります。また、私たちが運動（わざ）をするとき、その運動（わざ）を、どのようにしたらよいかのイメージを描きます（もちろん、このイメージは明確ではないかもしれません……）。そのときのイメージには、空間的なもの（「腕をこのくらい挙げて」とか「胸を大きくそらせる」など）や、力に関係するもの（「もっとぐっと踏み込む」とか「シュッシュッという感じで」など）があります。

　こうした現場のことを踏まえて、マイネルは運動のリズムを「運動の力動的経過における緊張局面と解緊局面の流れるような交替ないし移行」（1960）と定義しました。つまり、リズムは運動の**力動的な分節**の内容に関わるものになります。

　この内容は、学習者側からすれば、学習者がわざをするときに自分の「動きかたの感じ」として描いて意識すべき、力の入れ方、強弱のつけ方、節目のつけ方、動きの立て方です（金子、2009、pp.213-214）。つまり、運動におけるリズムは、学習者が意識すべき**主観的リズム**であり、わざを生成させるための**分節的力動性**であると言えます。

リズムに関わる要因

————

　主観的リズムを生み出す要因として、**時間性**（特徴的な時間関係ができ上ること）、**アクセント性**（動きの特定の要素を感覚的に強めること）、**分節性**（動きの節目をつけること）が挙げられます（Röthig, 1981, pp.28-34）。具体的に言えば、動きを速めたりゆっくりしたり、動きかたを意識的に強調して強弱をつけたり、また「間」を利用して動きかたに抑揚的節目をつけたりする、といったことです。これらの要因から主観的リズム（感覚的な**分節的力動感**）が感じられるようになります。

　このようにして感じられ、意識されるリズムは、自分のわざを省力的に、効果的に、そして美的に生成させる「力」となり、わざ自体の良し悪しを左右します。

固有リズム

————

　このような主観的リズムは、わざの**固有リズム**（**基本リズム**）（Borrmann, 1960/61, p.297；フェッツ、1979、p.180）と関係しているという理解が必要です。個々のわざには、逆上がりのリズム、ジャンプのリズムといった固有リズムがあります。わざが正しくよいフォームでできるには、この固有リズムの獲得（あるわざ固有のリズムを意識できるようになること）が不可欠になります。「フォームを身につける」ことは、単に外形的な運動形態だけの問題ではなく、この固有リズムの獲得をも意味します。しかし、このわざの固有リズムを身につけるのはそう簡単なことではなく、長い年月を必要とします。

————————
確認問題
————————

●リズムとはどのようなものか述べなさい。
●また、主観的リズムとしての運動リズムの発生に関わる要因について説明しなさい。
●さらに、固有リズムについて説明しなさい。

| column |

リズムの語源

———

　リズム（Rhythmus）は古代ギリシャ語に由来する言葉です。このリズムの概念、あるいは内容については、これまでに膨大な数の研究があります。そうした研究によれば、語源についてはいろいろな説があります（Wagner, 1954, pp.89-91）。絶えざる変化、起伏、抑揚、囲む、引く、行ったり来たりの往復、空間的な不動の形態……等々、リズムの語源説には、「変化としての運動」から「不動の形態」に関係づける説まで、諸説あるようです（藤田、1980、p.180）。その中で最も有力な語源説は、「流れ」（ドイツ語で言うとfliessen）を語源とする流れ学説です（フェッツ、1979、p.322）。リズムは、人間が関わる現象において奥深い内容をもっていて、スポーツにおいてもよい動きとなるための核となる機能をもっています。

第8講

わざの生成意識：

順次性、やわらかさ、読む、正確さ、なめらかさ、調和

学習内容

　この講では、局面分節意識とリズム意識に続き、以下の6つの
わざの生成意識について学習します。

- ・身体四肢の各部位の動きを順次よく展開させようとする「順
  次性の意識」
- ・動きに硬さが出ないようにする「やわらかさの意識」
- ・いまの時点で、これから起きる動きを予想する「読む意識」
- ・1つ1つの動作を正確に行おうとする「正確さの意識」
- ・動きが切れ切れにならないようにする「なめらかさの意識」
- ・動き全体の調和的像を描き、動きを調和させようとする「調
  和の意識」

｜ キーワード ｜

　わざ、動きの順次性、よいフォーム、運動伝導、順次性の意識、
わざの構造化、運動弾性、やわらかさの意識、動きかたのやわら
かさ、運動の先取り、「読む」意識、運動の正確さ、目標正確さ、
的中正確さ、経過正確さ、反復正確さ、目標反復正確さ、経過反
復正確さ、正確さの意識、流動、「なめらかさ」の意識、運動の
調和、調和の意識

（1）順次性、やわらかさ、読む

順次性の意識

————

　スポーツの運動（わざ）がどのように起きているかを、**動きの順次性**の観点からみてみると、身体のある部分からある部分へ、運動のある局面からある局面へと、「動き」が順次に流れて展開されていくのを確認することができます。

　例えば、ボールを投げる動作をみてみると、身体各部の動作が「投げる」という視点から、時間的なまとまりをもって順次に起きていることがわかります。ボールを遠くに投げるときの腕の動作について考えてみましょう。はじめに、ボールをもっている腕は後ろに引かれ、その後、投げる方向へ向けて、まず上腕の動きが生じ、次にその腕の肘・手首へと動きが順に起き、そして最後にようやくボールを離す、といったように、動作は順次に起きています。つまり、よりよい「投動作」を目指して、身体各部の動作が順次に起こり、最終的にボールが手から離れていくのです。

　このように、身体各部の動作が時間的なずれを示しながら、可視的に、順次に展開されていくことは**よいフォーム**の質的特徴だとして、マイネルはその特徴を**運動伝導**と呼びました（マイネル、1981、p.191）。物理学的な意味の「運動伝導」はインパルスないし力や運動量の伝導を言いますが、スポーツ運動学における運動伝導はフォームの質に関わる概念であり、それは可視的な運動の順次性を指します。ただ本書では、この順次性を、学習者が意識すべき、わざ生成のための**順次性の意識**として考えます。すなわち、個々の動きを順序よくしよう、という意識です（金子、2009、pp.214-216）。

　動作の順次性には、大きく２つのタイプがあります。１つは「胴体から四肢へ」、もう１つは「四肢から胴体へ」のタイプです。スポーツには多様なプレーや動作がありますが、その起点が胴体にあるか、手足などの四肢にあるかで、タイプがこの２つに分けられるのです。２つの違いは、最終的なわざの課題が自分以外の対象物に向かうのか、自分自身の身体に向かうのかにあります。

　例えば、剣道の竹刀を使用して相手に打ち込んだり、テニスのラケットでボールを打ち返したりといった動作は、課題が自分以外の対象物に向か

う「胴体から四肢（腕、脚、頭）へ」の順次性タイプです。他方、器械運動の鉄棒での前回りや、走ったり泳いだりすることは、課題が自分の身体の移動や体勢変化であり、「四肢（腕、脚、頭）から胴体へ」の順次性タイプです。

　学習者は、わざをよりよくできるように（**わざの構造化**）、とくに練習時には、こうした動きの順次性を意識するものです。例えば、ボールを投げるときには、下半身の構え方を前提として、肩から肘、手首、最後のボールの放し方といった一連の動作の流れを意識します（この自己意識は、「これで、よい」とか「いまの流れはあまりよくなかった」といった価値の意識です）。また、鉄棒の前回りができないなど、課題がうまくできないときには、学習者はそうした一連の動作の流れや順序を正しく意識できていないものです。

やわらかさの意識

　日常運動にも言えることですが、とくにスポーツ運動で重要になってくるのは、動きが「やわらかく」実施されることです。

　例えば、投げられたボールを捕ったり、跳び箱を跳び越えたりするときの姿勢を考えてみてください。これらの動作で特徴的なのは、足首や手首や膝を、衝撃を和らげるように弾力的に「使っている」ということです。野球でボールを捕球するとき、衝撃をやわらげられなければ恐らく捕球はできないでしょうし、できたとしてもかなり痛いでしょう。また、跳び箱で跳び越えるときに手をつきますが、このときの着手局面では、手首や肘を「うまく使って」勢いが緩衝されているのです。

　マイネルは、このような緩衝、やわらかさや弾力性は動きの質を表しているとして、それを**運動弾性**の概念で説明しました（マイネル、1981、pp.221-222）。それは学習者側から言えば、わざをするときの**やわらかさの意識**です（金子、2009、pp.226-227）。すなわち、硬くならず、軽やかに、やわらかく動きを行おう、という意識です。

　もちろん、このような「やわらかさ」の意識は、筋、腱、靭帯、骨の体組織の弾力性と無縁ではありません。しかし例えば、鉄棒の懸垂振動（脱力）やスキーの滑り方において言われる「肩のやわらかさ」や「膝のやわらかさ」は、身体組織や関節可動域の柔軟性を言っているのではありません。そこでは、懸垂振動や滑るときの「**動きかたのやわらかさ**」が言われてい

るのです。

　学習者がわざをしようとする（構造化）とき、このような動きの「やわらかさ」の意識をもつこと、「やわらかさ」をイメージすることが重要です。

読む意識

　走り幅跳びや跳び箱には、助走→踏切→跳躍→着地の流れがあります。つまり、助走の後に踏切の動作、そしてその後に跳躍姿勢と続きます。また宙返りでは、宙返りした後に着地動作が続きます。このようにスポーツの運動（わざ）では、多くの動きが組み合わされたり複合されたりしています。

　このように動きを組み合わせるとき、後の動きが「先取ら」れていると、その組合せ自体がスムーズにうまく行われます。そして、その際には特徴的な動きかたも発生します。マイネルはこのときの先取りを、**運動の先取り**と呼び、スムーズな運動組合せやよりよい動きの質の評価視点になるとしました（マイネル、1981、pp.228-230）。ボールを取ってすぐ投げるプレーのとき、ボールを捕るときにはすでに次の投げる動作が「先取ら」れて準備態勢をつくっている、というようなことです。

　学習者の視点からすると、動きの質を上げるための運動先取りは、わざをしようとする（構造化）ときに不可欠な意識と言えます。それはすなわち、いまの時点で、これから動きがどう起きるかを予想する**「読む」意識**です（金子、2009、pp.206-212）。この読む意識があることで、一連の動きの流れは、わざ特有のものになるのです。

　なお、読む対象には、自分の動き、他者の動き、他者との駆け引き、ゲーム展開状況、物理的周界状況などがあります。これらの対象を、自らの動きの流れの中で適切に「読む」ことが、よりよいわざにしていく上で重要です。

（2）正確さ、なめらかさ、調和

正確さの意識

　スポーツにおいて運動の課題を達成しようとするとき、運動が「正しく」実施できることは重要です。例えば、跳び箱を跳び越すときの踏切の正確さ、柔道で背負い投げをするときの相手の懐に入る正確さ、バレーボールのレシーブをするときの正しい構えなどです。逆に言えば、それらの動作が正確に行われなければ、運動の課題は十分に達成されないのです。このときみられる「正確な」動きは、動きの質的特徴だとして、マイネルはそれを、**運動の正確さ**として説明しています（マイネル、1981、pp.236-238）。よい動きには、動きの正確さがみられるのです。

　運動の正確さには、2つの種類があります。1つは、目標や的、課題に合わせることができる正確さです。これは「**目標正確さ**（的確）」と呼ばれます。ボールの的当て、バスケットボールのリングをめがけてシュートすること、弓道で矢を射ること、野球の投手が捕手のミットをめがけて投げることは、目標正確さの内の「**的中正確さ**」です。また、バレエやダンスなどで、課題となっている動き（運動経過、演技）をその課題通りに実施することは、目標正確さの内の「**経過正確さ**」になります。

　これに対してもう1つは、運動の繰り返しの定常性、すなわち、繰り返し実施された場合にみられる、同じように実施される一致（恒常）の正確さは「**反復正確さ**（精確）」と呼ばれます。弓道で矢を集中的に的に集めることができたり、投手がいつも同じコースでストライクをとることができたりするなどといったことを指します（「**目標反復正確さ**」）。また、技を行うときに、いつも同じような動き、運動経過を辿る場合もこの種の正確さです（「**経過反復正確さ**」）（フェッツ、1979、pp.382-400；金子、2009、p.254）。

　学習者はわざをするとき常に、そのわざを「失敗しないように！」「正確にしよう！」と意識するはずです。この**正確さの意識**は、慎重にわざをしようとする意識でもあります。こうした意識こそ、わざの生成（構造化）にとって重要になります。

なめらかさの意識

――――

　ハードルを跳び越える際の動き、水泳の泳ぎ、跳び箱の助走と踏切の繋がりなど、それらの一連の動作がぎすぎすしたり、カクカクした印象を与えたりするような捌きでは、欠点のある動きがみられます。よいと言われる「わざ」は、流れるように展開されます。マイネルは、このような運動の流れるような運動展開の特徴を、動きの質的特徴だとして、**流動**という概念でとらえました（マイネル、1981、p.216）。

　ただし、この流動の概念は、優雅さや弱々しいなめらかさを意味しているわけではありません。瞬間的な鋭い動きや爆発的な動きにおいても、ぎくしゃくしないという意味で、動きのなめらかさやスムーズな印象を与える捌きは重要になります。

　学習者は、このような「なめらかさ」やスムーズさを意識して、わざをしようとすることが必要です（金子、2009、p.212）。そのような意識をすることによって行われたわざは、それをみる者に「巧みさ」の印象を与えます。この**「なめらかさ」の意識**は、わざをするときにはそれほど意識の前面に出ることはありません。しかし、質のよいわざにする上でこの意識は不可欠です。

調和の意識

――――

　マイネルは「個々のすべての運動が、ある統一的に形づくられた運動全体に対して、均斉がとれ、まとまりをもち、同調している」場合には、運動は「調和している」と言い、そのときの動きの質を**運動の調和**という用語で表しました（マイネル、1981、p.248）。調和がとれている状態とは、個々の動作が「適切に」行われ、さらにその諸動作間にも「ほどよい」「ちょうどよい」「最適な」関係が成立していることを意味します。運動の調和は、まさにわざ全体の質のよさをとらえる視点です。

　学習者がわざをよい流れで展開するためにも、動き全体の調和的な像を描こうとする意識は必要不可欠です（金子、2009、pp.261-262）。

　この意識は、具体的には次のようなことです。例えば、高鉄棒でけ上がりをする場合、鉄棒を「ほどよく」握り、「適度な」前振りをし、振れ戻

りの後には鉄棒への脚寄せは「力まず」に行い、そしてその後、支持体勢を「流れに合わせて意識」し、鉄棒の握り直しは「力まずほどよく」行う、といった具合です。このときの意識には、け上がりという技が調和的にまとまりのある全体像として描かれているのです。

　学習者はわざを実施するとき、身体の動かし方、力の入れ（抜き）方など、細かなところまで目を向けて微妙に調整し、わざ全体の調和的な遂行像を描くことが重要です。よいわざをするためには、学習者が、自己の動き全体を統一的にイメージしようとする**調和の意識**をもつことが重要です。何も意識せず、ただただがむしゃらにやってもうまくいかないのです。

確認問題

●わざの生成意識は、技術的によい動きの発生に不可欠です。以下の意識がそれぞれどのようにわざの生成（構造化）に関わっているかを説明しなさい。

　・順次性　・やわらかさ　・読む　・正確さ　・なめらかさ　・調和

| column |

わざを「追求」する

　例えば、コントロールのよいボールを投げたり、100m走のタイムをよくしようとしたり、またよい宙返りを目指して練習したりするようなとき、私たちは一般にフォームを改善しようとします。私たちのそのときの意識は、もちろん各人さまざまです。しかし、そのときまさに「わざを『追求』する」意識になっていると言えます。つまり、私たちはそうしたとき、自分の動きをよくしようとして、実に多くの視点から自己の意識や感覚と向き合い、「どうしたら、もっとよい感じで『できる』か」と、いわゆる「コツ」を模索しているのです。本書で取り上げ、説明している「わざの生成を目指す意識」は、まさにそのコツが「わかってくる」「みえてくる」ためには不可欠な意識です。

第9講

「できる能力」の「身体知」的認識

学習内容

　この講では、わざを行う上で中核となる能力は、体力的な身体能力ではなく、身体知と呼ばれる能力であることを学習します。

　体育やスポーツの世界では、運動達成（できること）を筋力や持久力などの体力要因で考えるのが一般です。しかし、運動の「できる」は、そうした体力要因のみに単純に還元されるものではありません。「できる」ときには、体力要因だけでなく身体知要因が働いている、と考えることが重要です。ボイテンディクは、人間には感覚運動的な知能というべき能力（感覚運動知）があり、それが人間に巧みな動作を可能にさせている、ということを指摘しています。これはスポーツ運動学では、とくに「コツ」や「カン」といった身体知として扱われます。スポーツの「できる」については、身体資源的－体力的要因が前提にあるものの、それとは次元を異にする身体知要因がその「できる」をもたらしている、と考えることが重要です。

| キーワード |

　体力要因、力学要因、ボイテンディク、防衛動作、生命的想像力、感覚運動知、感覚運動的判断、有機的な場、実践知能、パターン的、身体の知恵、感覚の論理、身体知、コツ、カン

（1）「できる能力」をどう考えるべきか

　体育やスポーツで行われる運動は、筋力や持久力、さらには心肺機能などといった**体力要因**が正常に機能することによって可能になっています。また、運動が上手にできるかどうかを**力学要因**で考えることも、今日の私たちにとってごく普通の考え方です。私たちが日常の運動やスポーツの運動をするとき、例えば、物をつかむときには握力が必要ですし、階段を上がるときでも脚の筋力や股関節が正常に動かなければぎこちない昇り方になります。そういう意味では、日常の運動を行う際、体力要因や生理学的要因や解剖学的要因は言うまでもなく基本的条件です。しかしよく考えてみると、運動ができるのはそれらの要因だけによるのではありません。

　例えば同じ練習をしていて、A君はできるようになったのに、自分はほとんど進歩しないといったことがあります。この違いについて、私たちは通常、筋力や持久力、スピード、調整力などの体力要因による差だと考えます。しかしその一方で、そうした要因では説明のできないこと、納得できないことがあることにも気がついています。そうした場合には、「彼はカンがいいから」とか、「元々もっているものが違うから……」とか、さらに「A君は努力家だからなあ」と言って済ませてしまうこともよくあります。

　しかし例えば、野球のピッチャーのコントロールのよさは何によって決まってくるのでしょうか？　腕の力や肩周りの筋肉や、また、よく言われる投球感覚で決まるのでしょうか？　あるいは、それは神秘的な「何か」なのでしょうか？　私たちは「できる能力」をどのように考えるべきなのでしょうか？

（2）感覚運動知への注目

巧みで知的な動作

───

　人間は、単に体力要因や身体的要因、また単なる感覚的要因をもち出すだけでは説明できない行為や動作をしています。オランダの生理学者・心理学者・現象学者であった**ボイテンディク**は、こうした問題に対して主著

『Allgemeine Theorie der menschlichen Haltung und Bewegung（人間の姿勢と運動の一般理論）』（1956）の中で、物が飛んできたときにぶつからないように瞬時に巧みに身をかがめたり避けたりする身を守る反応的動作（ただし単純な反射とは言えない**防衛動作**［Abwehrbewegung］）を例にして考察しています。ボイテンディクはこの防衛動作の反応について、次のように述べています。

　　この反応は、“生命的知能”や“**生命的想像力**”の概念に含まれるものであり、一般運動学にとって、大きな関心事である。（p.148）・・・防衛動作では、状況が、これからどのように展開するかが、すでに予見的に反応されており、このことが防衛動作を“知的（intelligenten）”に見させているのである。すなわち、私たちは、脅威から、上手に逃げたり、防衛したりすることを、要領が良く、知的で（intelligent）、思慮深く、先を読んでいるものとしてとらえ、しかも、そうした防衛動作は巧みで（geschickt）、機知に富んだものであると、理解するものである。（p.152）

　以上のように、ボイテンディクは防衛動作にみられる反応の特徴に目を向けるとともに、防衛動作は生命的知能や生命的想像力という概念に属するものであり、そのとき働く能力は、状況を読んでいるようできわめて「知的」な性格をもっている、という点を強調しています。

感覚運動「知」

　ボイテンディクはこのような防衛動作について、さらにテニスの例を出して、以下のように説明しています。

　　テニスのフィルム分析からわかることは、上手な選手は・・・対戦相手の姿勢と動き、ボールが飛んでくる場所とその落ち方、またコートにおける自分の位置を、どの瞬間でも“はっきりわかっていて”、そこから生まれる可能性を“判断している”ことである。ある一定の瞬間からボールを打ち返す反応が、つまり、次の防衛動作が起きるが、この場合、そこでのゲームの状況像は、（選手のなかでは）すでに意味づけされて分析されている。この分析は、だんだんと細かなものになってくる。・・・このような“わかること”、“判断”、“分

類による意味的な分析"はもちろん意識的に考えて行われるのではなく、あたかもそう考えているかのように行われる。すぐれた選手のこうした能力は"感覚－運動知（senso-motorische Intelligenz）"という概念によって特徴づけられるものである。この場合、感覚－運動的"判断"は、それまでの経験に基づいて、自分がどう動いたらいいのかがわかるもので、まったく理性的な判断と言えるものである。(p.152-153)

このようなテニスの例で言えることは、スポーツの動作を可能としているのは**感覚運動知**による**感覚運動的判断**であるということです。そして、その状況（「場」）は、単なる「刺激－反応」が起こる「場」ではなく、スポーツをする当人にとっては有意味で「**有機的な場**」になっている、ということです。

（3）「できる」をもたらす「身体知」

動物の実践知能と人間の身体知

ボイテンディクが指摘した、以上のような人間の感覚運動知は、動物のそれ（**実践知能**）とは区別されます。動物の実践知能は、状況に縛られた**パターン的**なものですが、人間の感覚運動知はそうではありません。ボイテンディクは、このことについて、次のように述べています。

　・・・動物の動きには感覚運動的な動きかたが現れているのですが、それは、変化する状況に適応する基礎でもある、いわば、実践的知の現れです。・・・動物の意識が、もっぱら「状況と一体化した意識」、「場の意識」であるのに対して、・・・人間は違います。サルトルは、次のように述べています；・・・人間という実存は、どんなときも決して、パターン的な行動をしているわけではないし、また、そのように行動することはできないことを、意味しています。・・・つまり、すべての真の人間の動きは、本人の創造的な達成行為なのであり、そこには、その行為が関連付けられている状況、もって生まれた能力、そして、その都度の課題が関係してくるのです。（ボイテンディク、2016、p.67）

このように、状況にきわめて適切に、知的に対応することを可能にしているのが、人間の感覚運動知です。ボイテンディクは、それをさらに「**身体の知恵**」や「**感覚の論理**」と呼んでいます（ボイテンディク、2016、p.72）。こうした知能や知や感覚の論理を、スポーツ運動学では「**身体知**」と呼んで扱います（金子、2009、p.6、p.356；金子、2005a、pp.2-5）。

「わざ」の実施に不可欠な「身体知」

このように、わざを行うときには、感覚運動知としての身体の知恵や感覚の論理、また、身体がもっている「出来事に対して適切に判断し解決できる」感覚運動能力、すなわち「身体知」が働いている、と考えることが重要になります。村上も、水泳や楽器演奏の例をもち出し、私たち人間が身体を動かすときの、科学的な知とは次元を異にする身体知の重要性に言及しています。

　・・・しかし、どのように筋肉を動かしたら（動かさなかったら）泳げるか（溺れるか）、どのような筋肉支配を行えば美しい音が生み出せるか、という点について、私たちはまったく「知」の領域をそこに参画させないであろうか。（村上、1981、p.15）

このように、「人間の日常生活の多様な運動やスポーツ運動を成り立たせているのは、身体知だ」というのがスポーツ運動学の基本認識であり、基本的立場です。つまり、自転車に乗ることや泳ぐこと、楽器を弾くことなどは、身体的訓練の後にできる（これは古代ギリシャにおけるトリベーという概念に相当し、テクネー概念と区別されます。詳しくは第21講を参照）ようになりますが、それを可能にしているのは身体知だ、と考える立場です。そして、スポーツ運動学では、それをとくに「**コツ**」身体知（自我中心化的身体知）や「**カン**」身体知（情況投射化的身体知）と呼び、学問の対象としています（金子、2005a、p.326；金子、2005b、pp.20-29）。

確認問題

●ボイテンディクが指摘した「感覚運動知」について説明しなさい。

●また、「運動ができるようになる」ことに身体知がどのように関わっているか、具体例を挙げて説明しなさい。

| column |

身体知への注目の意味

———

　人間は、複雑な思考や言語活動から、高度な技術によって行われる身体運動（わざ）までを可能にする、広範囲にわたる能力をもっています。例えば、言語能力、論理思考能力、体力的な身体能力等々です。身体運動は確かに、そうした能力のうちの体力的身体能力をベースにして行われています。しかし、「身体を適切に動かせる」能力や、「状況に適切に対応できる」能力、すなわち、コツやカンといった身体知的能力なしには、わざはできません。わざ（スポーツ運動）を単なる体力的な観点からみるのではなく、（身体）知が働く動きであると認識することこそが、運動現場を活性化させます。

第10講

創発身体知
～「できる」ための「身体知」～

学習内容

　この講では、創発にはどんな感覚運動知＝身体知が、どのように働いているのかを学習します。

　創発において働く感覚運動知は、創発身体知や覚える身体知と呼ばれます。これは、動きができるようになるときに機能する、学習者の知的能力です。この創発身体知は始原身体知（いまここの身体知）、形態化身体知（かたちの身体知）、洗練化身体知（仕上げの身体知）と呼ばれる階層の知的能力で構造化されます。始原身体知は、身体知の最下層に位置する基盤的身体知です。それを前提として、スポーツ種目固有のコツやカンといった、わざを成立させる形態化身体知が働きます。また、人間はわざをよりよくさせようとしますが、このときに働く身体知を洗練化身体知と呼びます。

| キーワード |

　創発、創発身体知、知的能力、わざのメロディ、わざの旋律、動きの旋律、動きの感じ、ボイテンディク、創発達成知、創発分析知、始原身体知、形態化身体知、洗練化身体知、基盤的な身体知、かたち、ゲシュタルト、カン、技術、コツ、動きかた（形態）、下位身体知

（1）練習する私の「身体知」〜創発身体知〜

創発と「わざの旋律」

————

　学習者がよい動きを目指して練習し、自らの動きをできるように変えていこうとすることを**創発**と言いますが、この創発において働くのが**創発身体知**という**知的能力**（金子、2005b、p.255）です。この創発身体知が働くようになり、実際に運動が「できる」ようになると、そのときには、**わざのメロディ（わざの旋律）**が奏でられています。例えば、逆上がりをするときや実施した後には頭の中で「前に踏み出すときは『こんな感じ』で、ひっくり返るときは『こんな感じ』で、最後は上体を『こんな感じ』で起こして……」といったように、一連の技遂行の「感じ」が出てくる＝わざの「メロディ」が奏でられるのです。ここで言うわざの旋律は、**動きの旋律**（Bewegungsmelodie）を指しています（Buytendijk, 1956, p.288）。それは、わざを行うとき旋律のように感じる必要がある、**動きの感じ**です。その動きの旋律に関して、**ボイテンディク**は次のように述べています。

> 　多くの複雑な行為を私たちはまねることで習得する。その場合、知覚が動きを制御する。運動しているとき、目にはいってくる像が導きの契機となる。こうしたことは、私たちが運動経過の全体を内的に、すなわち潜勢的に、力動的なゲシュタルトとして体験する場合に起こる。私たちが模倣するとき、それは図式化、共体験、大切な要素を強調して共感すること、場合によっては、一部の要素を特別に練習する。このような場合、私たちのなかにはダンサーがそうであるように、私たちを動かしめるいわば動きの旋律が奏でられている。このようにして私たちが《知覚の構造化》を獲得したときにはじめて、私たちは運動を「理解」する。(Buytendijk, 1956, p.288)

創発達成と創発分析

————

　創発身体知は、創発達成能力と創発分析能力に分けられます（金子、2005a、pp.62-63）。なお、本書では、これらの能力をそれぞれ**創発達成知**

と**創発分析知**と呼んでおきます。創発達成知は、実際に動きができることを可能にしている能力を言います。例えば、逆上がりができる子は「逆上がりができる」ための「能力」（逆上がりができるためのコツやカン）を機能させています。しかし学習者本人には、自分がどうして逆上がりができているのかがわからないこともあります。「何でできたのかよくわからないけど、できた！」などと、感想を漏らすケースです。「できた」ことの正確な理由や根拠、メカニズムなどが理論的にわからなくてもできることは、よくあることなのです。

　他方、「できた」ときに、自らの「できた」状態を細かく自己分析し、適切に評価できる人もいます。自己の動きの細かなところまで、その良し悪しがわかるということです。このような自己分析能力を、創発分析知と呼びます。学習者には誰にも、この創発分析知という能力があります。しかし当然、その能力の良し悪しの違いはあります。一般に、運動がよくできる人は創発分析のレベルも高いと言われています。

（2）創発身体知の構造

　創発身体知は、技術的な動きができる、あるいは、できるようになるときに自分の中で機能する「できるための身体知」です。この創発身体知は「いまこの身体知」「かたちの身体知」「仕上げの身体知」の3層に構造化されます。なお、専門的には、いまこの身体知は「**始原身体知**」、かたちの身体知は「**形態化身体知**」、仕上げの身体知は「**洗練化身体知**」と呼ばれます（金子、2005a、p.62）。

始原身体知
―――――

　人間には、巧みな運動や行為を可能にし、わざの成立を左右する**基盤的な身体知**があります。それは始原身体知と呼ばれる、自分の位置や状態がわかる身体知です。すなわち時間的・空間的にわかったり、さらに他者と自分の動きの関係がわかったりという、自分の動きの実現を根底で支えている基盤的な能力です（解説10-1参照）。人間はこの基盤的な身体知を前提にして、スポーツの多様な動きや技、プレーができているのです。

・時間的にわかる：さっき、いま、これから・・・
・空間的にわかる：ここ、そこ、あそこ・・・
・他者と自分の動きの関係がわかる：遠い、近い、気配・・・

形態化身体知

———

　形態化身体知は、基盤的身体知としての始原身体知がベースになって、多様な技やプレーに特化した「わざ」としての**かたち**（フォーム、ゲシュタルト）をもたらす身体知です。これはコツ身体知とカン身体知に分けられます。例えば、バスケットボールにおいて巧みなパスを出せるのは、バスケットボールの周囲状況がわかり（**カン**）、味方にいま正確なパスを出せる**技術**（コツ）があることを意味しています。また、逆立ちができるためには、逆位姿勢になって、腕で身体を支える感覚がわかり、身体全体にどう力を入れたらよいかなど、逆立ち特有のコツがわからなければなりません。つまり形態化身体知は、最適でよい感覚でわざの**動きかた**（形態）ができる（コツ）とともに、その動きを実現させる際のタイミングもわかる（カン）という身体知です。こうしたコツとカンの身体知が働くことによってはじめて、スポーツの巧みなプレーや技ができるようになります。

洗練化身体知

———

　人間が覚える技やプレーは、できない状態からできる状態へと上達していく変化の中にあります。つまり、「これができたら、次はもっとこうしよう！」などと、意識はさらなるよい動きへと向かいます。学習者は工夫して、もっとよく、質が高く、安定した、効果のある技やプレーを目指します。このようによりよい動きを目指す際も、それに特化した身体知が働きます。それを仕上げの身体知、専門語としては洗練化身体知と呼びます。
　この身体知は、自分のわざの問題点、修正点、改善点、評価点がわかる身体知です。つまり、どのようにして改善したらよいかがわかる身体知で

あると言えます。現在の自分の動きの問題点を、時間的、空間的、力動的な観点から取り上げて、どのように手を加え修正していけばよい動きに変わるかがわかるのが、洗練化身体知です。

創発身体知の体系

　以上のように、人間が創発、つまり「わざ」をするには、ベースとなる基盤的な身体知（始原身体知）を核として、種目特有の技やプレーに関わるコツやカンといった形態化身体知が働くとともに、絶えずよりよい技やプレーを目指して洗練化身体知が働きます。

　これらの身体知は、解説10-2のようにさらに細かな**下位身体知**から構成されています。

| 解説10-2 | 創発身体知の体系 (金子、2005a、pp.336-342；金子、2005b、pp.2-72を元に筆者作成) |

1．いまここの身体知（始原身体知）（【空間的－時間的に自分の位置状態を感じとる身体知】）
　　A．体感身体知（【空間的状態を感じとる身体知】）
　　　① 定位感：自己（絶対ゼロ点）を基準として前後左右上下の空間の状態をとらえる能力
　　　② 遠近感：感じながら動き、動きながら感じる「遠い」や「近い」といった、自己を起点として生じる距離感がわかる能力
　　　③ 気配感：自己を取り巻く情報ないし状況（気配／雰囲気）を感じとる能力
　　B．時間化身体知（【時間的状態を感じとる身体知】）
　　　① 直感化：過ぎ去ったことを「この瞬間」に引き寄せることのできる能力
　　　② 予感化：これから起こる動感意識に探りを入れ触手を働かせることのできる能力
　　　③ 差異的時間化：直感と予感を区別できる能力
2．かたちの身体知（形態化身体知）（【動きのかたちをまとめ上げる身体知】）
　　A．コツ身体知（自我中心化的身体知）：運動の達成成果に繋がる「運動意味核／運動の意味構造」を感じ取れる能力

　　　　　・誘いの身体知　・評価する身体知　・メロディー身体知
　　　　　・確かめの身体知
　Ｂ．カン身体知（情況投射的身体知）：自己を取り巻く運動状況を判断
　　　してどう動いたらよいかがわかりそれができる能力
　　　　　・伸びる（伸長）身体知　・先読みの身体知　・シンボル化の
　　　　　身体知
3．仕上げの身体知（洗練化身体知）（【動きをよりよく仕上げる身体知】）
　Ａ．欠点を見つける身体知（起点的洗練化身体知）
　　①　調和を感じる：動きかた全体の調和している快感情を感じ取
　　　れると同時に、気持ちの悪い動きかたを価値覚能力で評価し、
　　　調和したよい動きかたを自身の身体で了解できる能力
　　②　解消できる：一度身につけて習慣化した動感意識を解除し、
　　　消し去ることのできる能力
　　③　違いがわかる：運動毎に異なる動感の意識作用の微妙な差を
　　　鋭敏に感じ取れる能力
　Ｂ．動きのかたちを追求する身体知（時空的洗練化身体知）
　　①　局面を感じ取る：動感意識で自分にあった局面構造化（準備−
　　　主要−終末）ができる能力
　　②　感じの呼び戻し：前に経験したのと類似している動感意識を
　　　再び感じ取れる能力
　　③　左右を感じる：動きかたの中でどちらか片側の動感運動の優
　　　勢を構成化できる能力
　Ｃ．力の入れ方を追求する身体知（力動的洗練化身体知）
　　①　リズムを感じる：リズム的視点で自らの動きを修正し洗練さ
　　　せていくことのできる能力
　　②　勢いを伝える：動きの力点化（アクセント）と制動化（ブレーキ）
　　　を構成できる能力
　　③　反動をとれる：体全体をやわらかく弾力的に動かすことので
　　　きる構成能力

確認問題

●創発身体知とはどんな身体知（能力）を言うのか、わかりやすく説明しなさい。

●また、創発身体知はどんな階層の身体知で構成されるか説明しなさい。

| column |

創発と直観（ベルクソン）

　発生運動学において「創発」は、学習者自らが練習を通じて自己の動きの意味を発生させ、実際にわざを実現させるというところに重きを置いた概念です。つまりそれは、「できる」に向けて、学習者が自分の意識、感覚と向き合うことが前提の概念です。これはフランスの哲学者ベルクソンが強調した直観（intuition）概念の次元にあると言えます。端的に言えば、ベルクソンが強調した直観は、「内から知ること」です。直観とはものごとを実際に体験して、そのとき自身の内側に生じた意識や感じを直接感じることであり、知る対象は自分の意識です。つまり、直観とは、外から眺める分析とは異なり、実際の体験世界の本質を根底で知ることです（澤瀉、1987、pp.126-152）。創発という概念には、学習者がこうした「実際の体験世界の本質」と向き合うことが含まれていると言えます。

第11講

促発身体知
〜「できるようにさせる」ための「身体知」〜

学習内容

　この講では、学習者の創発に働きかける、指導者の促発能力を学習します。

　スポーツ運動学の立場からすると、指導者が行う技術指導は、わざができるようになるように学習者を導くことです。スポーツ運動学では、学習者にわざを生成させ、技術発生を促すことを促発と呼びます。また、この促発の際に機能する能力を促発身体知と呼びます。促発身体知は、大きく2つの身体知に区別することができます。1つは学習者の感覚状態を知り、学習者に教えていくべき感覚の素材を集めるときに働く身体知（素材づくりの身体知）です。もう1つは、そうして集めた感覚素材を学習者に合うように提供することができる身体知（処方できる身体知）です。

| キーワード |

　専門的能力、わざの達成（できる）、促発身体知、教える身体知、創発力、身体知レベル、素材化身体知、処方化身体知、観察、交信、借問、代行、動感、手順を示せる、感じを示せる、促発を決断する

（1）教える指導者の「身体知」〜促発身体知〜

わざの指導場面

――――

　わざの指導場面では、指導者は学習者に対してアドバイスをして、動きのポイントを意識させます。学習者はそのアドバイスをもとに練習を続けます。その後、指導者は再びその動きをみます。そして、動きが少しでもよい感じになったと思ったときには「少しいい感じだよ」と声をかけるでしょう。しかし、あまり変化がなければ「ちょっと力が入りすぎている」などと、再びアドバイスします。

　このような指導現場において、指導者には、学習者の動きの良し悪しを正しく評価できる**専門的能力**が求められます。指導者のこの専門的能力は、学習者の**わざの達成**（できる）を促進させる「力」をもちます。

「できるようにさせる」ための専門的能力〜促発身体知〜

――――

　指導者の教える能力は、言い換えれば、学習者にわざを「できるようにさせる」ための専門的能力です。スポーツ運動学ではこの能力を、**促発身体知（教える身体知）**と呼びます（金子、2005a、p.56）。この場合、教える能力を「教える身体知（促発身体知）」のように、わざわざ身体知と言う理由はどこにあるのでしょうか。

　学習者に運動をできるようにさせるには、少なくとも指導者は、動きを専門的立場からみることができ、適切で的を射た助言ができなければなりません。例えば、素人がちょっとしたアドバイスをしただけで、学習者が即座に上手にできるようになったとしても、それは、専門的で的確な助言をしたからとは言えません。その学習者が、最初から上手にできる「**創発力**」をもっていたと考えるべきです。すなわち、「自分で」開花（創発）させるときに、その素人がたまたま居合わせたと考えるのが妥当です。

　スポーツ運動学では、教える能力は、運動の技術的知識をただ単に学習者に伝える能力ではなく、指導の際に学習者のいまの感覚や意識状態を理解し、専門種目の立場から的確な技術的助言ができる能力を意味します。しかも、スポーツ運動学ではこの専門的能力を、「身体全体」で「感じ取る」

という意味で、ダイナミックな「身体知」次元の能力だと考えるのです。

　例えば音楽の領域において、ピアノの先生は、学習者が弾くピアノの音を単なる物理音として聞いているのではなく、専門家の立場から、「曲」としてよい表現なのかどうかを身体全体で聞いて評価しているのです。すなわち、身体知次元で音を聞いていると言えます。これと同じような理由から、スポーツ運動学では、教えるときの能力も**身体知レベル**で考えるのです。

　促発身体知は、学習者の中にある、わざをできるようにするための創発力を開花させようとするときに、指導者の中で働き出すダイナミックな身体知です。教える行為は、こうした促発身体知なしにはできない行為です。

（2）促発身体知の構造

　促発身体知は、「素材づくり身体知」と「処方できる身体知」から構成されます。専門用語としては、それぞれ**素材化身体知**、**処方化身体知**が使われます（金子、2005a、p.338、pp.342-344）。素材化身体知は、例えば、バスケットボールで「Aさんのシュートの感じはこんな感じなのかな？」と指導者が学習者の「感じ」に理解を寄せ、よりよくわざができるための感じを追求することができる身体知です。また、処方化身体知は、「もう少し肘を『こんな感じ』でやってごらん！」と助言するといったように、できる感じを学習者に合った形で提供して、実際にその学習者の意識や感覚を「できる」ように変えていくことができる身体知です。

素材化身体知

　素材化身体知は、学習者が実際に運動をしたときの、うまくいかないとか、ちょっとよい感じが出てきたとか、何が何だかよくわからないといった、学習者自身が感じている「感じ」を指導者が多角的にとらえ、学習者に必要な感覚の素材を集めるときに働く身体知です。

　この身体知は「みる」「訊く」「代行」するときに働く身体知と言えます。「みる」身体知は、学習者の動きをみて（**観察**）、その状態の良し悪しをとらえることができる身体知です。「訊く」身体知は、学習者にいろいろと

動きの「感じ」を訊き（**交信**）出すことができる身体知です。「訊く」身体知には、細かく問いかける**借問**能力も含まれます（借問について、詳しくは第32講を参照）。「**代行**」の身体知は、学習者が感じている「感じ」（**動感**）を汲み取って、指導者が想像の中で、「学習者は『こんな感じ』なのか」と学習者と同じようにわざを行ってみることができる身体知です。

処方化身体知

　素材化身体知で、学習者に提供すべき「感じ」を準備することができたら、次はそれを学習者にどのように提供するか（処方）が必要になります。このとき働く身体知を、処方化身体知と言います。この身体知には、「練習の**手順を示せる**」身体知、「**感じを示せる**」身体知、「**促発を決断する**」身体知があります。

　指導者は、学習者の能力レベルや現在の学習段階、考え方や性格を理解した上で、学習者に合った練習の道筋、手順、課題の配列を示すことができなければなりません。これが、「練習の手順を示せる」身体知です。また、指導者は学習者に「この段階ではこんな『感じ』を意識するといい」と助言できなければなりません。これが、「『感じ』を示せる」身体知です。さらに、学習者に提供するべき「動きの感じ」を、「いつ」どのように意識させたらよいかがわからなければなりません。これが、「促発を決断する」身体知です。

　学習者の動きで気になったことを、指導者の基準で「そのまま」「すぐに」学習者に伝えればよいというほど、指導は単純ではありません。指導者が与えるべきアドバイス内容も、学習者の初級段階、中級段階、上級段階によって違います。また、学習者のものの考え方や性格によっても、指導内容や方法を変えなければなりません。促発指導では、こうしたことを考慮して指導者が学習者にアドバイスすることが求められています。

促発身体知の体系

　これまで説明した、素材化身体知の「みる」「訊く」「代行」や、処方化身体知の「練習の手順を示せる」「感じを示せる」「促発を決断する」身体

知は、さらに細かな身体知によって構成されています（解説11-1参照）。

| 解説11-1 | 促発身体知の体系（金子、2005a、pp.342-344；金子、2005b、pp.74-249を元に筆者作成） |

1．素材化身体知（【「できる」動きを発生させるために必要な「動感」を準備できる身体知】）
　　A．観察身体知：学習者の動感をとらえることができる能力
　　　　① テクスト構成化身体知：学習者の運動の中にある問題を取り上げることのできる能力
　　　　② 形成位相観察身体知：学習者の習熟位相を読み取る能力
　　　　③ 始原身体観察身体知：学習者の始原身体知のレベルをとらえる能力
　　　　④ 形態化観察身体知：学習者のフォームの習熟段階を読み取る能力
　　　　⑤ 洗練化観察身体知：学習者の習熟位相の段階がわかる能力
　　B．交信身体知：学習者と動感のやりとりができる能力
　　　　① 先行理解身体知：学習者自身が感じている運動の問題点を共有できる能力
　　　　② 二声共鳴化身体知：学習者とともに、動きの動感を探っていけることができる能力
　　　　③ 動感借問身体知：学習者の動感世界を浮き彫りにするために動感を問うことができる能力
　　C．代行身体知：学習者の動感になれる能力
　　　　a．代行世界構成化身体知：学習者の動感に入っていける能力
　　　　　　① 代行動感世界化身体知：学習者の動感世界がわかる能力
　　　　　　② 代行原形態化身体知：動感形態（フォーム）を学習者に代わって発生できる能力
　　　　b．代行形態構成化身体知：学習者の動感でやってみることができる能力
　　　　　　① 代行統覚化身体知：学習者の代わりにその動きの感覚を発生させることができる能力
　　　　　　② 代行洗練化身体知：学習者の代わりに動感を洗練化させることができる能力
　　　　　　③ 代行適合化身体知：学習者の代わりに動感形態を変化さ

　　　　　　　せることができる能力

2．処方化身体知（【動感を指導［移植］することができる身体知】）

　A．道しるべ構成化身体知：動感を移植する手順を構築できる能力

　　　① 方向形態化身体知：いま、この学習者の進むべき動感形態が
　　　　わかる能力

　　　② 目当て形態化身体知：いま、この学習者にどんな動感形態の
　　　　発生があるべきかがわかる能力

　B．動感呈示構成化身体知：運動達成に必要な動感を学習者に提供で
　　きる能力

　　　① 間接呈示化身体知：運動達成に必要な動感に学習者が気づく
　　　　ようにしむける能力

　　　② 直接呈示化身体知：必要な動感を学習者に提供できる能力

　　　　　a．実的呈示化身体知：物的媒体を用いないで必要な動感を示
　　　　　　せる能力

　　　　　　　① 音声言語呈示化身体知：擬声語を含む動感言語によっ
　　　　　　　　て動感を提供できる能力

　　　　　　　② 動感模倣呈示化身体知：指導者自らが動いて再現的に
　　　　　　　　必要な動感を提示できる能力

　　　　　b．媒体的呈示化身体知：物的媒体を用いて必要な動感を提
　　　　　　供できる能力

　　　　　　　① 文字言語呈示化身体知：動感を文字にして表せる能力

　　　　　　　② 映像呈示化身体知：動感を可視的に提示できる能力

　C．促発起点構成化身体知：促発の営みを開始してよいかのきっかけ
　　がわかる能力

　　　① 起点形態化身体知：促発の営みの起点を一瞬にして読み解く
　　　　ことができる能力

　　　② 即座形態化身体知：手遅れにならないように、促発介入する
　　　　判断ができる能力

　　　③ 待機形態化身体知：促発介入を満を持しながら待機できる能力

確認問題

●素材化身体知と処方化身体知について、説明しなさい。
●また、指導者にとって促発身体知が必要である理由について、説明しなさい。

| column |

学習者の「動きの感じ」を想像する

　指導者が、学習者が感じている「動く感じ」（さっきの感じ、いまイメージしている感じ）を理解できるかどうかは、促発指導をする上で重要です。学習者のその感じを無視して指導者が指導することは、あってはなりません。この学習者の感じる「感じ」を理解することに関して、スポーツ運動学の理論では運動共感、印象分析、潜勢自己運動、代行といった概念がよくもち出されます（マイネル、1981、p.127、p.452-453；金子、1987、p.123；金子、2005b、p.202）。それは、指導者が学習者の感覚世界、意識世界に「理解を寄せる」ことができるかどうかが、動きの指導（促発指導）を実質的に左右すると考えるからです。そして、指導者がその「動きの感じ」を想像するときには、学習者を何としても「できるようにさせよう」という強い思いで想像することが重要です。

第12講

わざの習熟

学習内容

　この講では、学習者のわざ生成の各学習段階にみられる、動き
かた（フォーム、形態）の形態学的特徴と、指導上の留意点につい
て学習します。

　学習者の動きかたは、習熟とともに変わっていき、大きく３つ
の段階に分けられます。最初は練習初期の段階で、「できるよう
になった」といっても、そこでのフォームは粗削りなもの（粗形態）
で、この段階を位相Aと言います。その後、練習を積んでいくと、
その粗削りな動きかたも次第に上手な動きかた（精形態）に変わっ
ていきます。この段階を位相Bと言います。そして、さらに練習
を続けていくと、技術的に完成度が高く、質のよい、安定した
フォーム（最高精形態）になります。この段階を位相Cと呼びます。

| キーワード |

　動きかた、練習、運動形態学、マイネル、技術的習熟、粗形態、
イメージ、基礎図式、位相A、志向、内観的反復練習、精形態、
位相B、感覚的、位相C、最高精形態、初級段階、中級段階、上
級段階、未分化から分化へ、機能分化的形態変容、未分化状態、
分化状態、分節的部分、機能的分節化

（1）「動きかた」の技術的習熟

　学習者の**動きかた**（フォーム、運動形態）は、**練習**によって技術的に習熟（上達、変化）していきます。ここでは**運動形態学**の立場から、**マイネル**（1960）が示した内容に沿って、**技術的習熟**に伴う動きかた（フォーム）の変容と、その特徴をみていきます（マイネル、1981、pp.374-422）。

位相A：粗形態（そけいたい）

　運動形態学は、身体四肢の「動きかた」の良し悪しを取り上げます。運動形態学で扱う動きかたの内容には、指導者と学習者自身が取り上げる、可視的で外形的なフォームだけでなく、フォームの発生に関わる感覚と意識の内容も含まれます。

　練習を積んでいくと、学習者に、わざ（動き、プレー）が「やっとできた」とか「何とかできるようになった」という状態がやってきます。そのときのフォームの特徴は、不安定で欠点のみられる粗い姿勢（**粗形態**：Grobform）です。例えば、鉄棒の逆上がりがやっと「できた！」とき、その姿勢は膝や足首が曲がっており、回転後の支持姿勢も背筋がすっきりと伸びていないものです。少なくとも他者からみて、可視的には姿勢が乱れ、印象的にも動作の流れやリズムがよいとは言えません。学習者自身が描いているわざの**イメージ**（運動表象）も、ぼやけたものです。

　このような粗削りなフォームであっても、「できた」ということは、「わざ」の**基礎図式**が学習者の中に発生したことを意味しています。マイネルはこのような特徴を示す学習段階を、**位相A**と呼びました。

　この段階では、学習者はとにかく「できる」ようになることに一生懸命で、まだ細かなことを意識することはできません。指導者はこのことを十分に心得、この段階の学習者を指導するときには、次々とアドバイスすることは避けるべきです。アドバイスしすぎると、学習者を混乱させてしまいかねません。この学習段階にある学習者に対しては、専門的にみて余程の悪いやり方や危険なやり方になっていなければ、指導者は細かな修正指示や技術的助言を与えすぎないようにしなければなりません。専門的立場から「見守る」態度が基本だと言えます。

位相B：精形態（せいけいたい）

———

　粗形態を獲得した後、学習者はさらに上手になろう（**志向**）として、意識する内容や、目標とする動きのイメージを変化させていきます。そして、次第に動きの細かな部分が意識できるようになり、動きの良し悪しも敏感に感じるようになってきます。ただしこの段階でも、指導者が学習者に技術上の注意点を言いすぎるのは、やはり逆効果です。マイネルも、2つ以上の欠点を同時に言わないようにと注意を促しています。

　この段階で指導者が重視すべきことは、実施ポイントやコツ、よい動きのイメージを頭に浮かべながら1回1回練習（**内観的反復練習**）できるように、学習者を方向づけることです。また、学習者によい目標像を提供し、学習者が自分で正しいフォームの形成ができるように援助することです。さらに、可能な限りよい練習環境を確保するとともに、少しずつ技術の細かな内容に踏み込んだ指導に変えていくことも重要です。

　粗形態獲得後にこのような練習や指導が行われると、学習者のフォームは「粗さ」のある動きではなく、すっきりとして流れるような動きに少しずつ変わっていきます。つまり「上手な動き」になっていくのです。ゲレンデを滑るスキーの滑降フォームの変化はこのことをよく表しています。位相Aの粗形態の腰の引けた、いかにもこわごわ滑っている姿が、この段階になると軽快な滑り、颯爽としたフォームでの滑りになってくるのです。

　この「粗さ」がなくなった動きを、**精形態**（Feinform）と呼びます。これは、粗形態後の学習段階にみられる動きかたの特徴です。またこの段階では、学習者自身が描く自分の動きのイメージ（運動表象）も明確になってきます。この学習段階を**位相B**と呼びます。基本的に、この位相Bの学習段階では、物理的環境や器械および使用器具などが整っていて、それほど緊張しないような条件下であれば、学習者は質のよいわざを行うことができます。

位相C：最高精形態

———

　位相B後の学習者の次の目標は、いつでもどんな条件でも、安定して上手にわざが「できる」ようになることです。そのために必要なことは、実

施条件をむずかしくしたり、試行回数を増やしたり、練習する内容に変化をつけたりするなど、練習の質や量に負荷をかけることです。

このような練習を続けていくと、学習者のわざの実施は、より**感覚的**に行われるようになります。そして、むずかしい条件にも適切に「対応」できるようになっていきます。この学習段階を**位相C**と呼びます。この段階の動きは、非常に理に適った、非の打ちどころのない上手な動きかた・強いフォームになっています。マイネルはこの位相のフォームを、**最高精形態**（Feinstform）として特徴づけました。

マイネルの学習位相のこのような区別（位相A、位相B、位相C）は基本的に、一般に言われる**初級段階**、**中級段階**、**上級段階**の区別に対応しています（グロッサー、2001、pp.105-107）。

（2）機能分化的形態変容

わざができるようになるときの「動きの変化」は、意識や感覚の変化も含めて、「**未分化から分化へ**」の変化、つまり**機能分化的形態変容**を意味しています。すなわち、細胞が分裂していくように、未分化の１つのものがだんだんと多くの部分に分化していくような変化と言えます（澤瀉、1965b、p.75）。

例えば、泳げなかったクロールが25m泳げるようになった、ということは、泳げない**未分化状態**の動作が、練習をすることによって泳げる動作へと「分化」したことを意味します。このときには、水に慣れる感覚も形成されてきます。こうしたことから考えると、マイネルの指摘する「粗形態→精形態→最高精形態」という変化も、未分化状態から**分化状態**への変化だと言えるのです。

何も経験したことのない未経験の「わざ」では、その「わざ」に必要な「**分節的部分**」は、まだ出来上がっていません。そして運動ができるようになることは、練習を通じて、技やプレーに必要ないろいろな要素の分節が細胞分裂のように出来上がってくること（**機能的分節化**）を意味しています。ただ、わざができるときの「未分化から分化へ」の変化は、発育発達による自動的な分化化とは違い、わざ達成を目指して意識的に行われる「練習」によるものです。

確認問題

● 形態学的視点に立った学習位相論において、A、B、Cのそれぞれの位相でみられるフォーム上の特徴、および、指導上の留意点について説明しなさい。

● また、動きが上達する場合の動きの分化的変容（機能的分節化）について説明しなさい。

| column |

未分化から分化へ〜澤瀉の考え方〜

　フランス哲学の研究者として著名で、『医学概論』を著した澤瀉久敬（おもだかひさゆき）は、「未分化から分化へ」の考え方について、「生物の発生の特徴」と「機械の組み立て」との違いで説明しています。以下の澤瀉の説明は、単に生物体の発生の特徴を明示しているだけでなく、スポーツ運動の技術的習熟（動き、意識、感覚をどう変容させていくか）を考えていく上で重要な視点、考え方を提供しています。

　　身体といわゆる機械との間には根本的な相違があります。それは、機械はいろいろな材料を集めて作られるのでありますが、身体は、それを発生的にみますと、まず、一つの細胞があり、それが二つに分かれ四つになり、八つに分かれるというふうにして、だんだん、複雑な構造のものになってゆくのであります。たとえば、時計を作るには歯車とかゼンマイとか、その他いろいろなものが別々にあって、それを集めて作るのでありますが、身体は最初未分化なもの、はじめはなにか分からぬようなものから出発して、それがさまざまな器官に分化してくるのであります。この点、機械は、それが組み上がるまでは機械として一人前ではない、つまり一つの機械ではないのでありますが、身体はその発生のどの段階をとってみても一つの完全体であります。（澤瀉、1977、pp.63-64）

　この文で澤瀉が強調していることは、私たち人間の生物としての、また生命体としての身体は、組み立て的ではなく、分化的なでき方（未分化→分化）をしている、ということです。この分化的な見方こそ、スポーツの技術的な習熟の変化（できるようになる、上手になる）を考えていくときの重要な見方なのです。練習することによって身体が動くようになり、また実施ポイントがわかるようになるのは、最初動けなかった、わからなかった未分化状態の、分化的な変化であると言えます。

第13講

わざの質追求の志向性

学習内容

　この講では、わざを練習し、身につけ洗練させていくときの、学習者の意識状態（志向性）について学習します。

　現象学的に言うならば、意識の特徴は、志向性をもっているということです。志向性とは、「意識は『何か』についての意識である」ということを意味します。わざを身につけようとする学習者の意識状態をこの志向性の視点でみてみると、練習活動は、以下の志向性の特徴をもつ5つの位相に区別することができます。

- ・原志向（自分と練習対象との間に「できる可能性」を感じる）
- ・探索（何がポイントなのかが気になってくる）
- ・偶発（「とにかく」できるようになろうとする）
- ・形態化（「わざのできかた」を気にする）
- ・自在（よりよいわざの質を求めようとする）

| キーワード |

　意識状態、現象学、志向性、運動形成、原志向位相、探索位相、偶発位相、形態化位相、自在位相、受動的、探り入れ、感じの触手、探索志向活動、予感的感じ、まぐれ、偶発志向、形成位相、運動形態、意味、価値、意味形態、運動形態学、感覚が狂う、極致、わざを磨く

（1）学習者の意識状態

　学習者は、運動がうまくできるようになることを目指して練習をします。私たちは一般に、学習者のわざ習得の問題を、体力要因（筋力、持久力、スピード、柔軟性など）、**身体的特性**（身長や体重など）、力学的要因（身体各部の速度、加速度、重心移動など）で考えようとします。

　しかし、わざの習得を考える場合には、それがわざの質追求の行為であると考えることが必要で、習得活動時の**意識状態**に目を向けることが重要です。それはここでは、**現象学**の立場で強調される、学習者の意識の**志向性**を意味します。志向性とは、「意識は常に『何か』についての意識である」という特性です。つまり、「『よいイメージ』を意識する」といったように、「意識には常に『対象』がある」ということです。志向性は、わざを身につけたいとして練習に取り組む学習者にとっては、きわめて重要な要素です（金子、2005a、p.308）。

（2）わざの意識と志向性

　学習者のわざの一連の習熟プロセスをみていくと、まずは「とにかくできるようにする」、次に「上手にできるようにする」、さらに「一流と呼ばれるようなレベルにしようとする」といったように、学習者の意識は学習の進行とともに変化していきます。すなわちこの変化は、志向する（意識する）対象が変化していることを意味します。金子は、こうした志向性の視点から**運動形成**の位相推移を特徴づけ、「**原志向位相**」、「**探索位相**」、「**偶発位相**」、「**形態化位相**」、「**自在位相**」の五位相に区別しました。ここからは金子が特徴づけた、わざを覚えて身につけていくプロセスである運動形成の五位相について説明します（金子、2002a、pp.417-430；金子、2005a、pp.64-68）。

原志向位相

　ここでいう原志向とは、自分がわざの世界と接点をもちはじめ、自分と

練習対象との間に「できる可能性」を感じるものの、明確な志向対象をもつ前段階の意識状態です。意識的であれ無意識的であれ、「わざの世界」との関係性が生まれ、そのわざの魅力や面白さを少なからず感じている意識状態です。例えば、わざをみたり思い浮かべたりしたときに、「（何となく）どうなっているのだろう？」と思うようになり、わざとの関係が多少なりとも生まれている意識状態は、原志向と言えます。わざを身につけようとする場合、こうした無意識下（**受動的**）で、わざに関心が向いていることがきわめて重要になります。関心があれば、「わざの感じ」にも積極的に向き合うようになるからです。運動形成のこの段階を、原志向位相と呼びます。このような原志向の位相において、「わざの世界」が気になる状態にあると、私たちは興味半分、憧れ半分で、「わざの世界」に入ろうとして自ら練習するようになるのです。

探索位相

　このようにして、練習では「わざ」ができるようになることを目指して、学習者は「手をこうして」「脚をこうして」など、いろいろと試しながら身体四肢を動かそうとするのです（「**探り入れ**」をする、「**感じの触手**」を伸ばすなどと表現することもあります）。

　しかし学習者は、目指す動きをそう簡単にできるようにはならず、「動けない自分」に葛藤します。ボールのドリブルにしても、先生から「よくなった！」と評価され、自分も「よい感じだ！」と思えるようには、そう簡単にはならないものです。だからこそ学習者は、練習の中でいろいろな感覚や意識を探ろうとします。すなわち、まずは「わざの感じ」をつかもうとするのです。主にこのようなことを目指して練習を行う段階を、探索位相と呼びます。この位相の意識の対象は「探索すること」です。つまりこの位相では、「できる」感じを探し出そうとする**探索志向活動**が活発になるのです。この探索的練習では、「わざ」ができることが目指され、学習者は常に、自分が納得できるよい動きのイメージと向き合うようになります。

偶発位相

————

　こうした地道な練習の中で、「もう少しで、何とかよくできそうだ！」とか「いい感じをつかめてきた！」などの、**予感的感じ**が現れてきます。そしてあるとき突然、偶然に「わざ」に成功することがあります。「わざ」獲得のための練習活動では、それ以前の探索的活動（例えば、踏切位置をずらすなどの試行錯誤）が前提になって、学習者は「あるとき」「偶然にできる」ことを体験します。この「偶然に」「まぐれで」「できる」ことが現れる段階は、偶発位相と呼ばれます。

　偶発位相では、学習者はとにかく、まぐれであっても「できてほしい」ということを意識する、**偶発志向**の状態にあります。ですから、そこで「できた」といっても、その「できた状態」は、決して「わざ」獲得の最終段階の状態を意味しているわけではありません。

形態化位相

————

　「まぐれのできる」を一度体験すると（偶発位相）、その後は、「次にもまた成功させよう！」とやる気になったり、「さっきのは本当にできたのか？」と不安になったりして、「さっきできたこと」を確かめようとするものです。このときには、さっきできた「感じ」や意識的なポイントを思い浮かべて実際にやってみることになります。しかし、たいていはうまく「できない」ことを体験します。このとき、どういう感じで行ったらよいかが気になり、さっき「できた」ことを思い起こしながら「練習」が積み重ねられることになります。このときの練習は、まだ一度もできたことのないわざへ向かって行っていた練習ではなく、一度は「できた」わざの「感じ」を再度取り戻して体験するという意味での練習と言えます。

　この学習段階では、学習者は、「さっきはこんな感じだった……今度はこうしてみよう！」「できる感じは出てきたんだけど……」など、感覚のすり合わせを積極的にするようになります。また、「『ちゃんと』できるようになりたい！」などといった期待に満ち溢れ、練習が楽しく、自然と繰り返す回数も増えてくることが特徴です。

　偶発位相後、こうした練習を積み重ねていくと、やがて「わざ」として

の動きはそれなりに「格好」がとれてくるようになります。そして、自分の意図したような動き（形態）が安定してできるようになってきます。このときに学習者が志向する対象は、課題達成のためのよい形態、専門的に言えば、正しいと評価される形態（フォーム）です。この段階の**形成位相**を、形態化位相と呼びます。

　この場合の「形態」は、もちろん他者がみる可視的で、外的な**運動形態**を意味しています。加えて、それは動きを行う学習者の意識と感覚の中に発生してくる、わざの**意味**や**価値**の形態（かたち）でもあり、そのわざの考え方（**意味形態**）でもあります。初心者は、わざの「考え方」さえもはっきりしていないものです。

　偶発位相を脱した形態化位相は、わざが「できるようになっている」段階です。形態化位相は、マイネルの**運動形態学**の視点で言えば、精形態を獲得した位相Ｂに当たります。ただ、形態化位相では、「できるようになった」といっても、学習者はさらによりよいレベルの「できる」を目指そうとします。しかし、そうした練習活動の中で、突然**感覚が狂う**ことが起きてわざができなくなったり、コツがわからなくなったりすることもあります。そうしたときには、細心の注意を払って、丁寧に習得し直すことが必要になります。

自在位相

　形態化位相の段階になると、次第に「わざ」に磨きをかけようとする意識も強くなります。つまり、学習者はより一層レベルの高い「わざ」を目指すようになります。単にうまいというだけではなく、「わざ」の**極致**を目指して**わざを磨く**ようになり、どんなときでもよいわざができることを志向して、練習に取り組もうとします。形態化位相の後のこの段階を、自在位相と呼びます。

確認問題

●志向性について、具体例を挙げて説明しなさい。
●また、志向性の視点から、運動形成の五位相の各特徴を説明しなさい。

| column |

関心と志向性

———

　マイネルはその著書『スポーツ運動学』（金子訳、1981）の中で、運動学習の前提条件として、消極的ではなく積極的な状態にあることの重要性を指摘しています。その例として、幼児期の子どもが身体を休みなく動かしてしまう運動衝動や、対象に働きかけたいとして身体を動かす活動衝動を挙げています（pp.365-367）。これらは確かに生物学的なこととも言えますが、とくに活動衝動は詮索的であり、「関心」といった心的要素との関わりをもっています。関心は、対象への関与を意味するものであり、ある意味で志向性の問題だと言えます。志向性は「常に対象をもつ」という意識の特性ですが、それが物体であることも、憧れや期待などの思いであることもあります。

　例えば、「A君の宙返りをみている」というとき、その志向対象は「A君の宙返り」であり、それは客観的対象です。他方、「宙返りができるようになりたい」と思っているとき、その志向対象は「できるようになりたい」という「私の思い」、すなわち自分の意識状態であり、それは客観的なものではありません。このような自分の意識状態との関係性としての「志向性」は、運動学習の進展とともに、また技術習熟とともに、「原志向→探索→偶発→形態化→自在」と変化していくのです。

第14講

成長に伴う運動系の発達様相と指導

学習内容

　この講では、人間の0歳児から老年期に至るまでの、運動発達上の特徴と、指導の際の留意点を学習します。この内容は、マイネル『スポーツ運動学』(1981) の第4章をベースにしています。

　人間の新生児は何もできない状態で生まれてきますが、1歳を迎える頃には歩行ができるようになります。その後、5歳ぐらいまでには、跳ぶ、ボールを捕る・投げるなどの基本運動ができるようになります。小学校中・高学年期の時期 (9〜12歳ぐらい) は、運動を覚える学習能力の高い時期です。性的成熟期の前半では、成長ホルモン分泌の関係から多少、学習に対する障碍が出てきますが、その後は安定してきます。成年期 (20〜60歳ぐらい) では、男子はごつごつした動き、女子は丸みのある優雅な動きの特徴を示します。老年期 (60歳ぐらい〜) では、〜ながら動作ができなくなるなど、運動系の老化現象が現れるようになります。

| キーワード |

　0歳児、新生児、欠陥動物、生理的早産、不随意運動、反射、可塑性、随意運動、行動半径、基本運動、類型論、幼稚な動き、随伴動作、即座の習得、知識欲、最適学習期、英才教育、早期専門化、ホルモン作用、不安定な時期、追加熟成、隔絶化、〜ながら動作、運動系の老化現象

（1）0歳児から小学校期まで

0歳児

　生まれてから1歳を迎えるまでの子どもは**0歳児**、生まれて1か月ほどの子どもは**新生児**と呼ばれます。新生児の子どもは、人間以外の高等哺乳動物と比べると「何もできない」状態です（動物学では、この人間の新生児のことを**欠陥動物**や「脳なしの巣立つもの」と特徴づけています）。人間以外の高等哺乳動物（牛や馬、ゴリラ、サル等々）は、生まれてからしばらくするとすぐ立ち上がることができます。一方、人間が立って歩き出すまでには、生まれてから約1年かかります。スイスの動物学者ポルトマンはこのことを称して「人間は**生理的早産**だ」と、人間の誕生の特殊性を強調しました（ポルトマン、1979、pp.60-76）。動物学の立場からすると、人間は生まれるのが1年早すぎる、というのです。

　人間の新生児にできることは、「泣くこと」「吸うこと」「手足をばたばたさせること」くらいですが、これらはいずれも重要なことです。泣くことは、身体に異物が入ったときにそのことを周囲に知らせるため、吸うことは、ミルクを飲むために必要です。手足をばたばたさせることは、神経系、筋系の成長にとって不可欠です。

　生まれてから新生児の1か月ほどの期間は、**不随意運動**の時期です。新生児は手や足を動かしますが、それは自分の「意思」で動かしているのではありません。言い換えれば、新生児の運動はすべてが**反射**（不随意運動）です。緊張性頸反射、非対称性頸反射、立ち直り反射、パラシュート反射（転びそうになると手を出す反射）などがあります（榊原、1995、p.64-65）。このような「反射」は人間が生きていく上で、また自分の「身」を守る上で大切なものです。

　新生児は、1日の8割を眠って過ごします。眠っているときは成長ホルモンの分泌に、起きているときは手足を動かすなどの運動、またミルクを飲むなどの栄養補給に当てられています。

　人間の新生児期は、自分1人では何もできない状態であり、「未熟」状態と言えます。しかし人間の場合、その未熟状態は「**可塑性**（かそ）」を意味しています。すなわち、その後の生活環境や教育環境によって、どんどんいろいろなことができるようになっていく性質（能力）を新生児は秘めている

のです。

随意運動の発達

—————

　このような新生児から1歳を迎えるまでの変化は、人間の全生涯の中でも最も大きな変化です。このことを神経系の視点からみると、誕生時には神経細胞との結合はほんのわずかですが、半年後には飛躍的に増大し、2歳児にもなるとさらに大人に近づきます。

　このような神経系の発達を背景に、新生児に**随意運動**が出現してきます（榊原、1995、p.16）。随意運動は、まず目から起きます（追視）。追視の後は、首がすわるようになります。そしてハンドリガードという、手をもち上げる動作が続いて現れます。その後子どもは、仰向けからうつぶせへの寝返りをするようになります。寝返りができるようになると、今度は重心を高くするようにしてお座りをするようになります。このお座りの状態は、子どもにとって「みえる世界」がそれまでの世界とまったく違ったもののように映ることを意味します。

　ここまでの一連の成長過程を支えているのは、外界のことに対する興味、関心です。この時期の子どもにはすでに、この興味、関心という心的要素が働いているのです（榊原、1995、p.18）。興味関心は子どもに、「もの」の近くに行き、そのものに触りたいという気持ちを誘発させます。そうしたことから起きるのが、ハイハイという移動行動です。そしてハイハイをして移動し、「もの」の近くに行くことができると、次には立とうする欲求が出てきて、立ち上がる行動を起こします。歩行を開始するのはこの後で、満1歳頃の時期です。

　この最初の「歩行」以降、子どもは歩けること、場所を移動できること、自分の行きたいところに移動できることが「楽しく」なり、ますます「歩くこと」を何度も繰り返すようになります。この時期の子どもに対しては、子どもの探求心の芽を摘むことなく、励ましや積極的な援助をすることが大切です。

幼児期・園児期の5年間

———

　0歳児後の1歳児から5歳児までの時期は、幼児期・園児期と呼ばれます。就学するまでのこの5年間の子どもの変化は、誕生後の1年間の0歳児にみられる変化ほど急速ではありません。とはいえ、身長、体重は増加しますし、歩くことはますます習熟し、言葉もしゃべれるようになります。また、家を出て、近所の公園や保育園、幼稚園での時間を過ごすなど、**行動半径**も飛躍的に拡大します。

　この幼児期・園児期の5年間で、子どもはいろいろな運動を身につけていきます。0歳の運動発達は、基本的に、立位歩行へ向けた1つの路線で進行していきます。しかしその後の5年間では、歩く、走る、跳ぶ、這い上り下りする、投げる、捕るなどの**基本運動**が同時的・並列的に発達します。0歳児のときは、追視の後に首のすわり、ハイハイの後に立つが発生するように、運動の出現には順次性がみられました。しかし幼児期・園児期では、ある程度の順次性を残しながらも、多彩な基本運動が同時にできるようになります。もちろん、こうした発達には養育環境や生活環境が大きく関わります。この時期の子どもの動きかたは、**類型論**的にみて「**幼稚な動き**」です。

　この時期の運動指導ではまだ、いろいろな配慮と丁寧な方法的措置が必要です。さらに、この時期の子どもにはまだ十分な集中力がないので、指導が単調にならないようにすることが必要です。言うまでもないことですが、周囲の人による励ましは、この時期きわめて重要です。

小学校低学年期・中学年期

———

　幼児期・園児期の後の時期は、小学校期（6歳から12歳）です。この時期になると、園児期と比べて個人的要因（生活要因、生活環境）が多様になってきます。

　低学年から中学年ぐらいまでは、まだ余分な**随伴動作**はありますが、いろいろな基本運動が段々と「質」のよいものに変わっていきます。ボールを「捕ってすぐに投げる」などの運動組合わせにしても、前の運動の終末局面と次の運動の準備局面の融合が「うまく」生じるようになってきます

（局面の融合）。

　この時期の男女の性差は、あまりないようです。子どもは、むずかしい運動課題を解決する能力を十分にもち合わせている段階にあります。一輪車などもできるようになります。また、子どもなりに運動の中に、リズムや運動実施のポイントをつかむこともできるようになります（マイネル、1981、p.322）。この時期の子どもの「動き」は、類型論的に言えば「幼稚さの残る動き」として特徴づけることができます。

小学校高学年期

　小学校高学年期（9〜12歳）は、運動を覚える上で非常に重要な時期になります。運動を覚えるという点で言えば、この時期は人間の一生を通じて最高潮を示す時期だと言われています。この時期の子どもは、多くの運動をすばやく吸収します。マイネルはその凄さを、**即座の習得**と表現しています（マイネル、1981、pp.331-332）。例えば、スキーやスケートをはじめて滑るようなとき、大人では1週間かかることもあるなどなかなか上達しないのに、子どもでは2、3日すると明らかに動きかたに変化が現れます。小学校高学年の子どもは、運動の反応力がすぐれ、勇気が出るようになり、また「深く知りたい」などの**知識欲**も強く働くようになります。この時期、子どもの動きは、類型論的にみて「幼稚さから脱した子どもらしい動き」に変わってきます。

　この時期の子どもの運動の覚え方の特徴は、とにかく身体を動かす中で覚えてしまうことです。これに対して大人は、まず頭で理論的に理解し、納得してから覚えていこうとします。つまり、この年齢期の子どもは、言語的、概念的な理解なしに「あっという間に」、それも感覚的に運動を身につけてしまいます。このことから、この時期は運動の「**最適学習期**」と言われます。この時期の子どもをゴールデンエイジと呼び、**英才教育**、あるいは、**早期専門化**が叫ばれるのは、そうした理由によるものです。ただし、指導にあまり力を入れすぎると、子どもにさまざまな弊害（1つの種目しかできない、心身に過度な負担をかけてしまう、競技生活が短命になる、社会に適応できないなど）が出てくることを、指導者は十分に心得ておくべきです。

（2）性的成熟期から老年期まで

性的成熟期

───

　中学生から高校生の時期は、性的成熟期に入ります。この年齢期には、第二次性徴期として、生殖腺や脳下垂体といった内分泌腺による成長ホルモンなどの**ホルモン作用**により、成熟現象が引き起こされます。この時期には、大人に向けて身体的に成長するとともに、男女の性的な差も大きく生じてきます。子どもにとっては心身ともに**不安定な時期**だと言えます（マイネル、1981、pp.336-339）。

　性的成熟期は、前半期と後半期の区分でみていくことができます。前半期はホルモン作用の影響がある時期です。この時期には、手足が長くなり背丈が伸びて、動きがぎこちなくなります（不利な筋力・体重関係）。また、精神的にも不安定になり、学習面にも多少の影響が出てきます。男女差が出てきて、男子は男らしく、女子は女性らしくなります。そうした特徴は「動き」にも出るようになってきます。なお後半期には、前半期の障碍が除去されて、再び有利な学習期がやってきます。こうしたことから、この時期の子どもは、どんどん高度な運動に挑戦できるようになります。

　この性的成熟期における種々の障碍には、個人差があります。成熟期の加速現象がみられる子、遅い子、またそのことによって運動に大きな影響が出てくる子、あまり影響が出てこない子など、個人差はさまざまです。よって、性的成熟期の指導は慎重であるべきです。しかし、運動活動を停滞させるべきではありません。この時期にそれなりの運動活動がなされないと、子どもの運動の質は低いものになってしまいます。

　この時期の指導上の留意点は、指導者が丁寧な観察をして、子どもに無理をさせないことです。その上で、十分に配慮された計画のもとに、技能を向上させるような取り組みをさせることです。またこの時期には、運動の技術や戦術に関する知識などの、知的な働きかけをすることが重要になってきます。

成年期

————

　性的成熟期の後は、成年期になります（マイネル、1981、pp.349-358）。この成年期も、前半期と後半期に分けられます。前半期は20歳から40歳ぐらいまで、後半期は40歳から60歳ぐらいまでです。成年期では性差を考慮し、男女の別での特徴を理解することが必要です。男性の場合、30歳ぐらいまでは、トレーニングや練習を継続して積むことができればパフォーマンスは向上していくようです（「**追加熟成**」）。「動き」の特徴は、ごつごつした「男らしさ」を醸し出すようになります。一方、女性の場合は、男性と比べて「動き」は丸みを帯び、優雅で「女性らしさ」が出てきます。女性は妊娠や出産を経験することがあるものの、そのことによる運動への否定的な考えは今日あまりないと言えます。この時期、男性も女性も自ら運動機会を作ることが重要です。

老年期

————

　後期の成年期後は、老年期になります（マイネル、1981、pp.358-360）。老年期は60歳ぐらいから始まります。この年齢期になると、神経系や身体組織の老化現象が目立つようになります。すなわち、筋力の低下、柔軟性の減少、高次神経活動の衰えが起きてきます。この老化現象によって、運動の意欲や欲求が減退してきます。また、動作も遅くなり、例えばサッカーなどのゲームをみて楽しかったとしても若い人のような興奮状態にはならず（**隔絶化**）、いろいろな動作を組み合わせる「**〜ながら動作**」も十分にできなくなり、巧みな動きがむずかしくなります。こうした**運動系の老化現象**は、避けることはできません。しかし、自分で身体を定期的に動かしたり、そうした「場」に積極的に参加したりするなどの運動習慣は、老化を遅らせることができます。老年期では、そうした活動が非常に重要になります。

　このように、運動指導の方法や内容においては、学習者の能力を理解し、個性や人格に配慮することが重要です。しかしそれだけでなく、学習者の運動発達上の特徴を十分に理解しておくことが不可欠です。

確認問題

●成長に伴う人間の運動発達の流れを、発達段階の特徴を押さえて説明しなさい。

●また、運動の促発指導では、運動発達の知識をもつことが必要ですが、その理由を具体例を挙げて説明しなさい。

●さらに、性的成熟期の学習者を指導する際に配慮すべきことを、具体的に説明しなさい。

| column |

メタモルフォーゼの概念と人間の運動発達

　文豪ゲーテは、植物変態論としての独自の視点から「メタモルフォーゼ論」を展開しました。その核心的意味は、「1つのものが、多様に形態変化するという固有性（原形象、原型）を保持したままで、形態を変化させていく（形の変化）」ということの中にあります。ゲーテは、生きているものはすべて、この意味のメタモルフォーゼをすると言います。それに従えば、成長に伴う人間の運動発達の様相も、メタモルフォーゼの概念でとらえることができます（ゲーテ、1982、pp.174-175；佐野淳、1997、pp.83-85）。

第15講

指導者に必要な指導態度

学習内容

　この講では、運動指導者が行う指導行為の「あるべき姿」を、スポーツ運動学の立場から学習します。

　運動の指導者は、どんな考え・態度で学習者を指導すべきでしょうか。指導者は運動指導において、学習者の成長を願って、学習者との道徳的関係を基本とし、絶えず指導のあるべき姿を自覚して運動を教えることが大切です。そうした認識のもとに、指導者には、学習者の動きの意識や感じに理解を寄せて促発することが求められます。さらに大事なことは、学習者に奥深いわざの世界の魅力に触れさせようとする、強い信念や考えを指導者がもつことです。それはまた、「臨床的」な真剣さであるべきです。

| キーワード |

　促発力、真剣さ、命、対象身体、現象身体、臨床性、例外的な存在者、道徳的関係、切迫性、人間的誠意、真心、医道、道、心構え、眼差し、観察眼、勘、緊張感

（1）「人」の指導であること

指導者の促発力

————

　学校体育でも競技スポーツにおいても、運動している当事者（児童生徒や選手など）は一体どんな気持ちで、どんな思いで運動しているのでしょうか？　そこにはいろいろな考えや思い、その人なりの目標や目的があるでしょう。そうした当事者にとって重要なことは、「運動すること」で負の感情にならないことです。言い換えれば、運動することに楽しさや充実感を感じることが大切です。

　第1講で解説しましたが、運動をすることの意味や役割には、健康の維持増進、体力向上、リフレッシュがあります。しかしそれだけでなく、できない運動やわざが「できる」ようになることには、人間性を養う上で重要な意味があります。運動指導者やコーチと呼ばれる人は、学習者を「できる」ようにさせ、「うまく」させることに携わる人です。その意味で指導者は、学習者に運動をできるようにさせる、**促発力**をもたなければなりません。

運動指導者と医師

————

　コーチや運動の指導者は、学習者がよりよい「動き」ができるように、促発力をもって指導しなければなりません。このときに重要なのは、促発力を発揮する「**真剣さ**」です。指導において真剣であることは当たり前なことですが、指導者は、この真剣さの意味をよく考えておくべきです。運動の指導者には、医師が患者を「救おう」とする思いと同じ次元、同じ性格の真剣さが必要です。

　医師は、患者の「命」を預かります。どんな小さな怪我や病気であっても、常に「命」と向き合うのが医師です。診察や診断、診療、そして手術はそのために行われているものです。そこに、「命」を預かる「真剣さ」がなくてよいわけがありません。医学では、表面的には**対象身体**（客観的な身体：物質、物体としての身体）を扱うことになっても、実質的には**現象身体**（現象的な身体：「私の」と意識されている命ある身体）と向き合うことが必要

です（鷲田、1997、p.100）。

運動指導の臨床性

　医師の活動領域と比較した場合、「運動を教えることにも『命』を預かる『真剣さ』が必要だ」などと大げさなことは言えない・言えそうもない・言わなくてもよいのではないか、と思う人もいるかもしれません。しかしそう思った瞬間に、知らず知らずのうちに、スポーツの文化的・社会的・教育的価値を小さく見積もっていることになるのです。そうした考え方は必然的に、指導の仕方や指導そのものの「考え方」にまで影響を与えることになります。例えば、なかなか上手にならない学習者に対して指導が面倒くさくなる、一生懸命に指導に関わることをしなくなる、一方通行的な指導に傾倒する、うまくできないのは学習者に能力がないからだと考えるようになる、威嚇的な指導をする、上手な学習者だけみるような「えこひいき」をする（またそうしたことはしょうがないと考える）などの問題が生じます。

　一方医師は、どんな小さな症状や病気に対しても、そのような態度をとることがあってはなりません。医師の診断は、常に患者の命に関わっています。医師には、常に真剣に患者と向き合うことが求められているのです。

　スポーツの指導者もそうでなければならないはずです。例えば、指導者が学習者のわざを正しく「みる」ことができなかったり、学習者に的外れなアドバイスをしたりすれば、学習者はいつまでたっても上手にできるようにはなりません。また、指導者のアドバイスの内容で、学習者は感覚を狂わせたり、自信をなくしたりすることもあります。その一言が、怪我を誘発してしまうこともあります。さらに、指導者の言い方が威圧的で、「だめだ！　だめだ！」などと指導者からマイナス的なことばかり言われれば、学習者の多くはやる気を失ってしまうものです。指導は人を傷つけるためのものではありません。指導は学習者に運動をできるようにさせ、学習者を充実した気持ちにさせるために行われるべき行為であるはずです。「人」を大切にしなければなりません。その意味では、運動指導者の指導態度は、医師の患者に対する態度と同じである、と考えるべきです。

　このようなことから、スポーツにおける運動指導は、医師が患者を診るときと同じような次元にある、「**臨床性**」と「真剣さ」をもたなければならないと言えます。

（2）指導者と医道の精神

医道の精神

————

　スポーツにおける運動指導者の「指導」のあり方を考えていく上で、「医師の態度」に関して哲学者の澤瀉が展開した考え方は、非常に参考になります（澤瀉、1964、pp.61-87；澤瀉、1965c、pp.286-305）。

　医師の診断に関して澤瀉が重視したことは、医師は患者を前にして、病気の一般論ではなく、「目の前の病人の問題だ」との認識をもつこと、そして診察や診断は、常に「個別的」「特殊的」行為だと自覚することです。患者は**「例外的な存在者」**であり、医師と患者との関係は**「道徳的関係」**です。また、医師には患者を1人の「人間」、それも1人の「人格者」としてみることが不可欠です。なお医師は、「患者を診てやる」といった高所からの威圧的態度になってはなりません。そうではなく、「診させていただく」という謙遜した態度でなければなりません。

　澤瀉はこのようにして、医師は**切迫性**、真剣さ、**人間的誠意**、**真心**をもって、患者の治療に向き合うべきだと強調しています。そして澤瀉は、医師たる者は、こうした心構えや態度をとれることこそが重要なのだとして、**「医道」**を当時の医学生に説いたのです。まさに、「命」を預かる職業としての**「道」**を説いたと言えます。以下は、澤瀉がその医道を論じている箇所です。

　　・・・われわれは医道をどう考えたらよいのか。医道の出発点は病者に対する同情である。・・・ただ生活のためや名誉心から医師になることは許されない。・・・医師になるには、その病人を自ら進んで救おうとする熱意が必要である。・・・しかし、実は、熱意や熱情だけではまだ不十分である。・・・医道とは観念的な理想論ではなく、身をもって行う実践的行為である。はっきり言えば、医師の医療行為は肉体労働なのである。・・・医師という仕事は重労働であることを、医師になろうとする者は最初から覚悟しなければならぬ。病人に対する献身ということが医道の本質である。

　　ところで、もし献身だけで病気が治るなら、まだ話は簡単である。が、肉体的労働だけで病気が治るものではない。・・・一言にして言えば、医道とはただ医師の道徳的献身ということだけでなく、医学のたゆまぬ研究に励む

ということである。医においては道と学とは不可分である。医学の進歩は速い。目まぐるしいほどである。医師はその医学の進歩から取り残されてはならぬ。学生時代に教わった知識だけではその医療は時代遅れとなるのみである。何と言っても病人を病気から救うということが医道の使命であるなら、医学のたゆまぬ勉強こそ医道の根本でなければならぬ。

　・・・医師の対象とするのは病気ではなく病人である・・・医学の対象は人間である。この「医学の対象は人間である」という一語を、医師は心の底までしみ込ませなければならぬ。・・・以上述べたことによって、病人とは何であるかということと、それに対する医師の態度はどうあるべきかということは示されたかと思う。(澤瀉、1964、pp.64-71)

運動指導者の指導精神

　澤瀉がこのように論じた「医道」の「心構え」は、体育やスポーツにおける指導者にも当てはまると言えます。澤瀉にならえば、指導者はどの学習者（選手も含む）に対しても「例外的な存在者」として、そして1人の人間、人格者として相対さなければなりません。また指導者は、指導内容を個別的で特殊的な問題として取り上げて、学習者との関係を「道徳的関係」だと認識することを忘れてはなりません。さらに、指導者は「教えてやる」「指導してやる」ではなく、「誠意をもって教えさせてもらう」という、謙虚な気持ちをもたなければならないのです。かりに、そうした気持ちは単に理想論にすぎないと思ってしまうならば、その人の指導活動はどこかで破綻します。指導者と学習者の関係は、決して過度で有害な上下関係であってはなりません。澤瀉が強調するように、指導者はこの関係を、人間的関係かつ道徳的関係と認識しておくことが重要です。

　加えて、指導者の指導活動では、そうした「心構え」を前提として、指導の技術やわざ自体の理論的知識の集積と研究が必要です。そのために指導者には、現場での実地経験・体験を積み重ねることが不可欠です。そうした点から言っても、スポーツの指導者も医師と同様に、相当な覚悟が必要です。澤瀉にならって、スポーツの指導者は、「指導の対象は人間である」ことを心の底までしみ込ませなければならないと言えるでしょう。

　その上で運動指導者は、自らの促発指導において、学習者の技能習熟に

関わる必要な情報等に敏感であるべきです。つまり、コツやカンといった感覚的なもの、主観的なものを「核」として、映像や客観的なデータなど、すべての情報が重要になります。そしてそれらの情報に基づいて、個人ごとに最適な指導をする態度が必要です。学習者「個人」は1人ひとり個性をもっているのです。だからこそ、基本的に運動指導では、各学習者に異なった、個人に適した指導法、練習法が提供されることが必要です。そうした考えをもった上で、指導者は学習者が行う「わざ」をみる鋭い「**眼差し**」「**観察眼**」を絶えず磨き、「**勘**」を働かせ、適切なアドバイスをできるように努力することが必要です。また、それは「何とかしてあげたい！」とする、切迫性や真剣さから出てくるものでなければなりません。言うまでもないことですが、指導者自身がわざに触れてその奥深さや面白さに感動し、そうした気持ちから「学習者にもわざの魅力を伝えたい」「できるようにさせてあげたい」といった強い信念をもって真剣に指導することが、何よりも重要なのです。その上で、指導において、ミスは決して許されないという**緊張感**、真剣さをもつことが大切です。このことは、決して大げさなことではないと心得ておくべきです。

確認問題

●運動指導は促発指導として臨床的行為ですが、このことについて論じなさい。

●また、運動指導において、学習者の動きの問題を「個別的」「特殊的」な問題ととらえることはどういうことか、具体例を挙げて説明しなさい。

| column |

澤瀉の「医学概論」の今日的意味とスポーツ運動学

————

　フランス哲学、またベルクソンの研究者として著名な澤瀉久敬は、日本ではじめて「医学概論」（著書は『医学概論』[1965]）の講座を開設し、医学領域における哲学的思考の重要性を説きました（澤瀉は、「概論」とは「哲学」の意味であることを強調しています）。そこでは、医師や医学に携わろうとする者の科学、生命、医学に対する考え方が徹底的に説かれています。澤瀉が医学概論に託した思想、内容、考え方は今日でも重視され、受け継がれ、発展しています（杉岡良彦、2014；杉岡良彦、2019）。とくにその「医道」の精神の説き方は、「医療現場」重視の医学の考え方として独創的なものであると思います。

　一方、金子は、自身の発生運動学が「運動現場」に足場を置く運動理論である点を強調しており、そうした点では同様の独創的な考え方だと言えます。金子のそうした考え方は、スポーツ運動学理論を、フッサール現象学の立場に立つ発生運動学であるとしていることにも表れています。両者は、必ずしも同地平に立っているわけではありません。しかし、「医学の哲学」を主張する澤瀉の医学概論の立場と、現場の「運動理論における哲学的思考」を重視する金子の立場は、どこか共通しているように思われます。

第Ⅱ章

スポーツの技術論
～「できる」動きかたの理論～

第16講

「できる」ための技術

学習内容

　第Ⅱ章では、全10講にわたり、スポーツ技術について学びます。

　この講では、スポーツの技術は、「できる」こと（パフォーマンス）を体力とは違う形で支えていることを学習します。

　体育・スポーツの世界では過去において、「できる」こと（パフォーマンス）は体力を核としており、技術（動きかた）はそこに副次的に関わる要因だ、との考え方が主流でした。動きかたとしての「技術」へ関心が向けられるようになったのは、1896年の第1回アテネオリンピックのときからです。それ以来、特徴的な動きかたは課題解決に対して効果があるとして、動きかたが「技術」と認識されるようになりました。このスポーツ技術に対してマイネルは、「技術は、実践現場から取り上げられるようになった有効な動きかたである」ということを強調しました。このように理解されるスポーツ技術の特性として、合理性、公共性、過程性、可視性、体験性が挙げられます。

| キーワード |

　技術、できる、できない、切実な問題、破局的動感消滅、体力、身体運動、体力優先、技術系種目、技術要因、アテネオリンピック、合理的な運動の仕方、新技術、実践、スキル的認識、仕方的認識、マイネルの運動学、技術認識、スポーツの技術、特性、合理性、公共性、過程性、可視性、体験性

（1）運動における技術

「技術」という言葉の使われ方

────

　「技術」という言葉は、スポーツや運動の世界でいろいろな使われ方をしています。例えば、「サッカーの技術」や「体操競技の技術」などと、競技種目名と併記して使われる場合があります。また、「走り高跳びの技術」や「鉄棒の技術」などと運動種目で使われたり、「け上がりの技術」「背負い投げの技術」「シュートの技術」などのように、技やプレーの名前を挙げて使われたりすることもあります。加えて、さらに細かな動作や機能、意味を表す場合に対しても使われます。例えば、助走や踏切の技術、ステップの技術、着地の技術などです（解説16-1参照）。

| 解説16-1 | 技術という言葉の具体的な使われ方 |

Ⓐ競技種目をいう場合：サッカーの技術、体操競技の技術、陸上競技の技術・・・

Ⓑ競技種目内の運動種目をいう場合：走り高跳びの技術、鉄棒（運動）の技術・・・

Ⓒ練習対象となる運動の名称をいう場合：け上がりの技術、背負い投げの技術、シュートの技術、背面跳びの技術、バッティングの技術・・・

Ⓓ運動の局面を指していう場合：助走の技術、踏み切り技術、着地の技術・・・

Ⓔ運動の課題解決のための型をいう場合：振上げ型の技術、反り型の技術・・・

Ⓕ一連の運動経過の中で特徴的な動作、機能、意味をいう場合：ダウンスイングの技術、側湾技術、握り直しの技術、回転加速の技術、緩衝技術、肩角減少技術、あふり技術、抜きの技術、落としの技術・・・

体育・スポーツにおける「できる」問題の切実さ

────

　学習者にとって、動きやプレーが**できる**こと、**できない**ことは**切実な問**

題です。例えば、「自分の逆上がりは上手な人と比べて、膝も曲がり、つま先も伸びていない。どうしたらもっとうまくなるのか」といったことは、学習者がよく考えることです。また、泳げない子にとって、泳げるようになることは憧れです。その泳げない子はプールに入ると、水が怖いなどの理由で混乱してしまい、手足をどう動かしたらよいか、何に気をつけたらよいかなどがわからなくなり、頭の中がまったく白紙の状態になってしまうものです。そうした子どもは、先生から言われる理路整然とした泳ぎ方のメカニズムの説明はわかっても、いざ泳ごうとすると、やはりうまく手足を動かせないのです。こうしたことが続けば、できるようにならない自分が嫌になり、投げ出したくなることもあるでしょう。

　アスリートも同じようなことを多く経験します。最近までよい調子でプレーできたのに、急に動く感じがわからなくなって（**破局的動感消滅**）、本来のプレーができずにそれが記録にも影響を及ぼす、といったことを経験した選手も多いことでしょう。プレーができるようになることは学習者にとって、きわめて切実な問題です。

「できる」ための動きかたとしての技術

　体育・スポーツ領域では、運動の課題解決のために学習者が取り上げる「動きかた」や「仕方」が、これまで「技術」と呼ばれてきました。例えば、スピードボールの投げ方、け上がりの仕方、長距離走の走り方に関する内容は「技術」です。具体的には、ボールを投げるときの腕の振り方、下半身の構え、腰の使い方、長距離走の走り方では、腕の振り方や脚の踏み出し方、足の着地の仕方などが技術に当たります。

　スポーツにおける運動は単なる物体運動ではなく、意味と価値の次元にある「わざ」です（第4講参照）。このわざを実現させるために、運動する人が意識し、感じ、実際に身体を動かすときの動きかたが「技術」なのです。

（2）体力と比較される技術

　しかし、過去において技術は、**体力**と比較されて蔑視的に考えられる対

象でもありました。「技術は身体の動きかたや仕方である」という認識は、1960年代当時にはすでにありました。ところが、当時の基本的な考え方は「**身体運動のベースは体力であり、そこに身体の動きかたとしての技術が副次的に関わっている**」というものでした（佐野、2022a、p.2)。「体力的には問題ないが技術が劣っている」「彼は体力的に劣っているのを技術で補っている」などの言い方は、その象徴です。

また当時、体力は、身体運動において重要な中核要因であり、競技の世界においても、まずは体力の強化が叫ばれていました。極論すれば、競技としてのスポーツで勝つために、体力・精神面の強化が叫ばれていたのです。**体力優先**が、1960年代当時の体育・スポーツ界の考え方でした（金子、2005a、pp.220-221)。そうした背景の中で、体力を前面に出した陸上競技や競泳種目などがスポーツのメイン競技とされる一方、体操競技などの演技種目は**技術系種目**であるとして、軽視されていました。さらに、当時の学校体育でも体力の向上を優先的に考えていたことから、**技術要因**は副次的な要因であるという認識もありました。

このように、これまでは技術に対する否定的な考え方もありました。以下では、こうしたことを踏まえて、スポーツ運動学における技術の考え方をみていきます。

（3）スポーツの世界における技術概念の台頭

パフォーマンスを左右する体力以外の要因―技術

————

スポーツの世界において技術に関心が向けられるようになった端緒は、1896年の第1回**アテネオリンピック**であったと言われています。このオリンピックでは、筋力や持久力、瞬発力や爆発的な力の発揮といった体力的要因とは区別される、**合理的な運動の仕方**が注目されました。すなわちそれは、選手の記録や達成力を体力以外の要因からも考えることの必要性を意味していました。マイネルによれば、アテネオリンピックはスポーツにおいて、運動の仕方の認識に関して、決定的な契機を与えた大会でした。

・アメリカの選手が100m走競走で、「クラウチング姿勢」からスタートして優勝した。

　・・・・当時、もうすでに認めざるをえなかったことは国際的な高度な競技力は単に"野性的な"筋力、スピード、持久力、巧みさをまとめあげただけでは達成されはしないということである。・・・国際競技においては、"生まれつきの能力だけの選手"は十分な"技術訓練"を経た選手に肩を並べることはできない。（マイネル、1981、p.31）

　すなわちアテネオリンピックは、運動の「仕方」の工夫（ここでは、クラウチングスタート）は他者を凌ぐパフォーマンスの発揮に繋がる、という認識をもたらす契機になったのです。

　なお、とくにレベルの高い競技会において、効果的で、成果に繋がる運動の仕方やプレーは、それまでの運動の仕方と区別されて「**新技術**」として名前がつけられることが多くあります。例えば、1960 〜 1980年代では、回転レシーブ（バレーボール）、背面跳び（走り高跳び）、V字ジャンプ（スキージャンプ）、ムーンサルト（体操競技）等の新技術がありました。2000年以降も現在まで、多くのスポーツ種目で、名前のついた新しい技術が次々と開発されています。

スポーツ技術の概念規定

　こうしてもたらされたのは、最適で効果的な運動の仕方は、体力とは区別され、運動パフォーマンスに大きく作用するという認識です。

　1960年にマイネルは、著書『運動学（Bewegungslehre）』（邦訳：『スポーツ運動学』、1981）の中で、スポーツ技術について以下のように説明しています。

　スポーツ技術は、ある一定のスポーツ課題をもっともよく解決していくために、実践のなかで発生し、検証された仕方であると解されよう。つまり、それは現行の競技規則の枠内で、合目的的な、できるだけ経済的な仕方によって高いスポーツ達成を獲得するものでなければならない。・・・それらはスポーツの運動経過のもっとも合目的な形式として、現在のところ有効であり、また一般に教えることができるのである。・・・スポーツの技術が現実に生きている遂行の方法であって、理屈ででっちあげた解決の仕方ではないという理解に立てば、一般妥当性をもって絶対不変なスポーツ技術は決して存在するものではないし、存在できない・・・。現在のところ、その存在が認めら

れているスポーツ技術は一般妥当的な、つまり誰にでも通用するという性質をもつ・・・スポーツの技術は・・・実践のなかで発展し、実践によって変化し、たえず修正や改良が行われ、また全体的に、あるいは部分的に古くなっていくのである。(マイネル、1981、p.261)

　以上の記述でマイネルは、「技術」は運動の「仕方」である、という認識を明確に述べています。そしてマイネルは、スポーツ技術は「**実践のなかで発生して、検証された仕方**」であること、そしてそれは、理論的に計算されて出された動きかたではないことを強調しています。例えば、1970年代後半にバイオメカニストのヘイは、背面跳びに代わる走り高跳びの新しい跳び方を、力学的に計算して実験的に割り出して提唱しましたが、その跳び方は決して選手によって実践されることはありませんでした(ゲーナー、2003、p.37)。

　1960〜80年代にかけて、スポーツ技術の概念は多くの著書、辞典、報告書で多様に示されています。ただ、運動学と生理学、力学など、研究分野や立場が違うと、技術概念の視点が異なってきます。こうした事情の中、ベルネットはスポーツ技術の統一的理解のむずかしさに言及した上で、その概念を大きく「**スキル的認識**」と「**仕方的認識**」に分けています(Bernett, 1962, pp.118-119；金子、1968、p.103；佐野、2022b、p.3)。この区別は、生理学や力学の立場と、**マイネルの運動学**の立場の違いによる**技術認識**の差を示しています。今日のスポーツ運動学における技術認識は、このマイネルの仕方的認識の立場に立っています。

スポーツ技術の特性

　マイネルによって指摘された「運動の仕方」としての**スポーツの技術**には、以下のような**特性**があります。
- 技術は「できる」ための合理的、経済的な動きかたであること（**合理性**）
- 「やり方」は自分1人だけではなく、多くの人に共有されること（**公共性**）
- 技術としての「やり方」は、時代が経過していくうちにどんどん改良され新しくなっていくものであり、その有効性は、時代的流れの中にあること（**過程性**）

・技術は体力と違って、基本的に目にみえる運動経過の内容であること（**可視性**）
・技術の有効性、効果性は、自らの体験を通して、自らの意識、感覚で納得するものであること（**体験性**）

確認問題

●スポーツの「技術」はどんな概念か、スポーツ運動学の立場から説明しなさい。
●また、スポーツ技術の特性のうち、「過程性」について説明しなさい。

| column |

技術の可視性の意味

　スポーツ技術の特性として「可視性」が挙げられますが、この特性を正しく理解しておくことが必要です。技術が「目にみえる運動経過の内容」であるということは、基本的に誰にも「みえる動き」だ、ということです。しかし、金子は、「技術は運動経過のなかに姿を没し、なぞのヴェールの彼方に隠れている」（金子、1983、p.4）と強調しています。そして、「ある新しい技術を初めてみたときには、どうしてそんなことができるのか、どこにコツが潜んでいるのか見当もつかないのが常であろう」とも述べています。これはどういう意味なのでしょうか。可視性ということはもちろん、目でみて確認できる内容だ、ということです。しかしその本質は、技術は単なる視覚像として現れているのではなく、みる者が五感すべてを動員して運動達成に対して深い関心を向け、想像力逞しくみることができたときにはじめてみえてくる「動きかた」（運動経過）だ、というところにあります。

第17講

競技力を支える技術

学習内容

　この講では、スポーツ技術は競技力（パフォーマンス）を発揮するための要素であること、また種目特性によって、技術への注目の仕方には違いがあることを学習します。

　スポーツの競技力は、試合の勝敗を左右します。競技力は、体力、戦術力、技術力などの多くの要素によって構成されます。競技力を考える際に重要なことは、競技特性を理論的に理解しているだけでなく、種目特有の特性を、体験を通じて把握していることです。競技力が発揮されるとき、選手やプレーヤーは最適なよい動きかた（技術）を実現しています。そしてその動きかたは、実際に技術を遂行できる能力、すなわち技術力として、競技力の発揮を支えています。スポーツにおいて技術は、体力因子、周囲状況、運動形態を前提とした体験や、日常的運動感覚などを基準として類型化されます。

┃キーワード┃

　競技力、基礎的体力、専門的体力、心的能力、技術力、戦術力、競技特性、種目特有の考え方、試合運びの考え方、図式技術、動きかた、技術の類型、体力因子依存型、周囲状況依存型、運動形態依存型、運動形態非依存型、日常的運動感覚依存型、非日常的運動感覚依存型

（1）スポーツにおける競技力

　競技スポーツでは、選手個人やチームが発揮する「競技結果を左右する力、勢い」である**競技力**（金子、2005a、pp.222-231）が競い合われます。この競技力を構成している要素は筋力、スピード、持久力、柔軟性などの**基礎的体力**、種目に特化した**専門的体力**、精神力などの**心的能力**、そして**技術力、戦術力**などです。

　しかしそれだけでなく、種目の**競技特性**を理解したり、**種目特有の考え方**ができたりすることも、競技力発揮にとって重要な要素です（解説17-1参照）。

解説17-1　　競技力を構成する要素

競技力：選手個人やチームが発揮する「競技結果を左右する力、勢い」
　　　　＝基礎的体力、専門的体力、心的能力、技術力、戦術力、競技特性
　　　　　の理解、種目特有の考え方

　種目特有の考え方について、いくつか例を挙げてみましょう。例えば同じ球技でも、サッカーにはサッカー特有の動きやプレースタイルが、バスケットボールにはバスケットボール独自のゲームの考え方があります。また体操競技やアーティスティックスイミングには、同じ評定競技と言っても、それぞれ違う技の追求や演技の考え方、理想像の組み立て方、**試合運びの考え方**などがあります。これらは単に、知識として理論的に理解すればよいものではありません。その種目の世界に身を投じて、その内側から体感してわかることでなければならないのです。

　例えば、競技力を構成する体力因子である筋力について考えるとき、筋力が発揮される種目の違いを理解しておくことが重要です。体操競技で求められる筋力と、ウエイトリフティングで使われる筋力は違う、といったことはその例です。ウエイトリフティングの選手が100kgのバーベルをもち上げられるからといって、簡単に体操競技のつり輪の十字懸垂をすることはできません。そもそも、重量挙げと体操競技における筋力の発揮の仕方はまったく違います。競技力を考えていくとき、このような違いを理解

しておくことが重要です。

　また、試合で感じる緊張感についても、種目特性による違いを知ることが必要です。そのためには、種目の競技特性を、体験レベルで了解していることが必要です。そうしたレベルの理解が、競技力強化の方法の考案に繋がります。

　さらに、本当の意味で種目の競技力の問題に踏み込むことを可能にするには、優雅な動きを追求すべきなのか、豪快なプレーを目指すのがよいのか、繊細な技捌きに価値をおくべきなのか、ゲームの最後の局面で力を出せる集中力を重視するのか等、種目の特性を考えた追究ができるかどうかが焦点となります。

（2）競技力を支える技術力

　このような競技力を支えている要素の中核に「技術力」（解説17-2参照）があります（金子、2005a、p.224）。技術力は、種目で求められる技術（**図式技術、動きかた**）を、緊張した試合の困難な状況の中でも実際に遂行できる能力で、動きかたの強さを支えるものです（図式技術について、詳しくは第21講、第22講、第23講参照）。

解説17-2	動きかたの強さとしての技術力

技術力：求められる動きかた
　　　　＝技術（正確な動き、緻密な動き、ダイナミックな動き、大きな動き、優雅な動き、滑らかな動き、勝負強い動きなど）を、どんな状況でも遂行できる能力

　競技では、技術（図式技術、動きかた）を実際に自分の身体で実現できる能力、しかも、試合などの緊張した場面において、予測できない不安定で流動的な状況でも求められる技術が的確に遂行できること、すなわち、技術遂行力としての技術力が必要になります。その技術力の高低が、競技力を左右するのです。

　ただし、技術はスポーツ種目によって、その関わり方、関わる度合い、

意味と価値が違います。例えば、短距離走（パワー種目）では、経済的な筋力の制御がうまくなされることに、技術の意味があります。他方、体操競技（演技種目）では、目標像の達成に、技術の意味があります。競技力を向上させるには、このようなスポーツ種目の競技特性の違いを踏まえた上で、技術遂行力が発揮できるようにトレーニングすることが重要です。

（3）有効性の観点による技術の分類

体験を基準とした分類

———

競技力を技術力として支える技術の有効性は、学習者本人が、実際に体験する中で取り上げ、「了解」するものです。したがって、学習者本人のその技術への関わり方によって、技術への注目の仕方も、その重視の仕方も異なってきます。

　以下は、学習者が自分で体験して、「これだ！」と注目・重視することを条件にした場合の**技術の類型**（やり方、動きかた、フォーム）です。

体力因子依存型

　学習者が特定の体力因子・体力要素をもっていることを前提に、当該の技術を実際に体験することで、その有効性が了解される技術。

　例えば、体操競技や器械運動で行われる「ブリッジ」の技術の内容がわかるには、関節可動域や身体、肩帯部の柔軟性があることが前提になります。そして実際に、その柔軟性で「ブリッジ」姿勢ができることが必要です。そうした姿勢ができない以上、本当の意味ではこの技の技術内容はわかりません。また、短距離走の「疾走フォームはこうだ！」と言われても、その時点でわかるわけではなく、実際にそのフォームで走ってみて、瞬発力を実感し得たときにはじめてその有効性が「了解」されるのです。

周囲状況依存型

　他者や周囲の状況、物理的環境があることを前提に、当該の技術を実際に体験することで、その有効性が了解される技術。

　例えば、バレーボールのスパイクの技術は、ボールをトスするセッターとのタイミングの取り方が前提となってはじめて、了解されるものです。

また、柔道の内股の技術にしても、実際に相手と組み合い、お互いが力を出し合う中ではじめて「了解」されるのです。

運動形態依存型

　理想的なフォームを目指すことを前提に、競技規則や採点規則等で細かく取り決められている運動形態（技）を実際に体験することで、その有効性が了解される技術。

　例えば、伸身宙返りや十字倒立の技術内容は、評定競技の特性上、審判員による評価と密接に関係する、理想像の実現と関わっています。また、スキージャンプのV字飛型や着地時のテレマーク姿勢の技術は、評価される「像（フォーム）」を前提として追求されます。

運動形態非依存型

　細かく規定されたフォーム（動きかた）ではなく、種目で求められる「達成効果」に寄与する動きかたを実際に体験することで、その有効性が了解される技術。

　例えば、野球のバッティングフォーム（技術）のよさは、評定競技のような厳密な姿勢やフォームの中で追求されるものではなく、打ったボールの飛距離が伸びるなどといった効果的な達成が生み出されたときに「了解」されるものです。また走り高跳びの跳躍技術は、規定違反（両足踏切）でない踏み切り方で、より高いバーを越えることができた＝目標を達成したときにはじめて、そのときの動きかたの有効性が問われるのです。

運動感覚の日常性を基準とした分類

———

　スポーツ技術は、運動感覚の日常性・非日常性という違いに基づいて分類することもできます。

　スポーツ運動は、私たちが生まれて以降、自然に身につける歩、走、跳などの運動や、日常的な運動感覚を基にしたものと、そうでない運動に分けられます。例えば、陸上競技の走るや跳ぶは、人間が成長過程で身につける運動であり、通常、私たちはそうした運動の感覚をすでにもっています。これに対して、体操競技の逆立ちや宙返り、水泳の泳ぐなどの運動は、「行おう」という意思があるなどの特別な状況が設定されなければ、実施

することはほとんどありません。あえてそうした運動をするときには、非日常的な運動感覚の形成が必要になります。

　このような運動感覚の違いに基づくと、技術は以下の２つに分類することができます。

日常的運動感覚依存型

　歩くや走るなどの、日常運動系の運動感覚が前提となっている技術。

　例えば、速く走る「走り方」は、日常運動としての走る感覚をベースにして追求される技術です。また、野球におけるボールを投げる技術も、われわれが日常の中で行っている投げる感覚がベースに追求されます。

非日常的運動感覚依存型

　逆さ感覚、用具操作の感覚、トランポリンなどの自然には体験しない感覚、つまり「非日常的」な運動感覚が前提となる技術。

　ただもちろん、これらには非日常性感覚の強弱の差があります。例えば、体操競技や器械運動における宙返りの技術や倒立の技術などは、日常生活では普通、ほとんど行わない運動感覚によって成立しています。他方、日常生活で経験することもあるような感覚がベースになる技術もあります。例えば、ハンドボールのジャンプシュートは水たまりを跳び越える感覚に似ていますし、テニス・卓球などのラケットの操作技術は棒をもって何かを取ろうとするときの感覚と近いものです。これらの技術は、宙返りなどの技術とは違い、ある程度イメージ可能で、予測や推測できる運動感覚によって成立する技術だと言えます。

確認問題

● 自分の得意な（専門の）スポーツ種目の競技力を、「技術力」がどのように左右しているか考え、技術力の重要さについて説明しなさい。

● また、何か１つ技を取り上げて、その技を行うときに必要になる感覚について説明しなさい。

| column |

技術力とは？

———

　技術力は、「現時点でもっとも有効な『図式技術』を私の動感身体で思うままに駆使できる能力」（金子、2005a、p.224）です。つまり、課題達成のための「最適な動きかた（技術）」を「することができる」といった、学習者が有する「身体知的能力」を指します。ただ、それは神経や筋の協調性などの生理学的能力や心理学的能力といった「能力」ではなく、あくまで、困難なときでも身体知を発揮することができる強さを意味します。技術力は、複雑で高度なわざ（技）を、緊張し、切迫した場面や状況の中でも、正確にミスなく「できる」ことを可能にしている技術の遂行力です。この能力の内的構造は、「体験」を現象学的に分析することによってはじめて浮き彫りにされます。

第18講

技術の獲得

学習内容

　この講では、スポーツ技術の「練習」に関する留意点と、技術が身につくとはどういうことかについて学習します。

　練習は学問や技芸、技術を身につけ、上達させていくために行為を繰り返すことです。練習における繰り返し行為で重要なのは、動きやわざのポイントを何も考えずにただ機械的に繰り返す（機械的反復）のではなく、そのわざの実施上のポイントを1回1回考えながら繰り返す（内観的反復）ことです。この練習過程では、動作に「分節化」から「構造化」に向かう変化が起き、その結果として技術が身につくことになります。「技術が身につく」ということは、対象としている動きかたの一連の流れと、そのときの「感じ」、そして、その具体的な動きかたとの結びつき方が「習慣」として獲得されることを意味しています。練習では、技術を身につけようとする過程や、身についた後においても、「できる」状態の不安定さに目を向けることが大切です。

| キーワード |

　練習、できる、学問、技芸、繰り返し行為、稽古、内観的反復、機械的反復、動きの旋律、技術習得、具体的な動き、抽象的な動き、自分にとっての意味、分節化、構造化、動きの感じ、習慣、再現、「できる」を目指す、反逆身体、動感消滅現象、運動抑止現象

（1）練習の概念

繰り返す意味

———

　鉄棒の逆上がりができたり、剣道で鋭い一本の「胴」を取ったりするためには「**練習**」が必要です。練習なくしてよい技やプレーは**できる**ようにはなりません。

　「練習」は**学問**や**技芸**などを上達させレベルを上げる行為、また「技術」を身につけることを目指して行う**繰り返し行為**です。「練習」の「練」は固いものを「煮て柔らかくする」ことを、「習」は鳥が地上から飛び立つときにみせる羽ばたきの姿から来た「繰り返し行為」を意味します。すなわち、固いものを柔らかくするために何度も繰り返す、ということが練習の原義です。

　練習は、3〜7世紀頃に中国の兵馬や武芸で慣用されていた漢語です。この言葉は、日本には平安時代の前期頃までに輸入され、武芸をはじめ蹴鞠、書道、学問など多くの分野で使われました。明治以降になると、練習という言葉は「**稽古**」以上に使われるようになりました。また練習は、当時のTraining、exercise、practice、Übungなどの西欧語の訳語としても使われました（南谷ほか、2002、pp.256-261）。

内観的反復の重要性

———

　このように練習は、歴史的にみても、学問や技能や技芸、技術を身につけるための価値ある重要な行為です。練習の特徴は繰り返す（反復）行為にありますが、技術をしっかり身につける上で、この繰り返しの意味の本質を理解しておくことが必要です。マイネルは、練習における繰り返し行為（反復行為）の注意点について次のように述べています。

　　練習することはある運動を考えもせず機械的にいつも変わらないやり方で
　　繰り返すのを意味するものではない。むしろ練習とは1回あるいは何回かの
　　解決を試みたあとで、練習者が自分自身で、または他人からの指示によって、
　　それが運動のさばき方であれ、達成の結果であれ、さらに欠点を認め、それ

を取り除く努力をしてから新しい試みに着手することである。練習は常により高い段階をめざしての繰り返しなのである。(マイネル、1981、p.399)

　マイネルが練習における繰り返しで重視しているのは、1回1回、いま行っていることの意味を考えながら練習をすることです。すなわち、いま行った自分の動きがどんな状態であったか、次はどのようにすべきなのか、動きの「中身」を考えながら行う繰り返しの練習（**内観的反復**）が基本だと、マイネルは強調しているのです。これは、動きの内容についてとくに何も考えずに、ただひたすら1回、2回、3回と回数を数えて繰り返す反復練習（**機械的反復**）とは区別されます（金子、2002a、p.377）。

「できたい」という気持ち

　内観的反復と機械的反復の違いについて、実際の練習の場面で考えてみましょう。学習者は誰でも最初はできないわけですから、そのできない状態から脱するために練習をします。しかし、思ったようにはうまくできずに悩むのです。自分の動きをどうしたらよいのか、何に気をつけたらよいのか、この技のポイントはどこにあるのかと、学習者の頭の中ではいろいろなことが浮かんできます。こうしたときに、学習者の中ではまさに「できるようになりたい」と、いまできない自分との闘いがはじまります。いままだできない技ができるようになることを目指すとき、学習者は通常、このような意識状態や気持ちになります。そして毎回、いろいろなことを感じて練習することになります。

　こうした意識や気持ちの状態のとき学習者は、1回1回の試行で、技の実施に関わる「やり方」に敏感になり、脚、腰、腕、胸、手首などの身体の細かな部分の「動かし方」が気になってきます。「どんな感じがいいのか？」「いまの感じでよかったのか！」「どんなイメージでするといいのだろう？」などです。学習者はこのように、どうしてもできるようになりたいと思って、実施ポイントを意識するのです。また練習の中で、少しずつ変わってくる自分のフォームや感覚、気持ちを感じるようになると、学習者は練習自体を面白いと思うようになります。その結果、知らず知らずの内に反復回数が増えてくるものです。

　この「内観的反復」で重要な点は、それが「できたい気持ち」から生じ

ていることです。肝要なのは、動きができる際の具体的なポイントを自ら探そうと強く意識して練習を行っているかどうか、です。「できたい」気持ちにあまり切迫性がなければ、そこで「考えること」「感じること」は形式的、表面的なものになります。形式的、表面的な繰り返しは、機械的反復に近いものであり、「できる」に対してあまり「力」をもたないと言えます。

　内観的反復と機械的反復の大きな違いは、内観的反復の場合には、１回１回の試行が、知らず知らずの内に動きのポイントに向けられていくのに対して、機械的な反復の場合では、回数をこなすことが目的になってしまっている点にあります。そしてとくに、機械的反復では、技の「できる感じ」を内から支えている**動きの旋律**（わざのメロディ）に、学習者の意識が向けられなくなってしまうのです（動きの旋律について、詳しくは第10講を参照）。

欠点を修正する

　技術は、練習過程の中で出てくる欠点や不十分な点に対して、自分で気になって直そうとしたり（自己分析による修正）、指導者を含めた周囲によって欠点が修正されたりすることによって身についていくものです。単に練習回数が多ければ技術が身につくのではありません。

　このことは、子どもが親や周囲から「ことば」の用い方（誤用、ことばの価値のとらえ方など）を修正されながら覚えていくのと同じです（時枝、2007a、pp.125-126）。ことばは、修正されながら身についていくもので、スポーツの技術もこれと同じなのです。その意味でも、指導者の助言内容とその与え方は、学習者の**技術習得**における重要な鍵となります。

（２）練習対象

具体的な動き、抽象的な動き

　テニスでボールを「打ち返す」、ハードルを「跳び越える」といったときの身体四肢の「動き」は、学習者自身が起こす自らの行為です。この「ボールを打とう」「ハードルを跳ぼう」という意図から生じている「動き」は、「具

体的な動き」です。

　これに対して、客観的時間や客観的空間を基準として、その基準に当てはめようとして生じているときの「動き」は、**抽象的な動き**です。例えば、45度の方向にボールを蹴る、腕を10cm下げる、人差し指と親指をこのように曲げる等々、客観的数値による指示や、イメージによる動作や動きは、抽象的な動きなのです。数字が具体的であれば、行われる動きが具体的な動きとなるのではありません。ここでいう抽象的な動きとは、自分が「しようとする意味」（具体的な動き：例えば、パスをしようとしてボールを蹴ろうとすること）から**離れている**「動き」（足首を90度の角度で固定すること）のことです。

　こうした具体的な動きと抽象的な動きの関係について、鷲田は、脳損傷患者の報告例で説明しています。

　　鼻の先に蚊がとまったら手で蚊を払うことができるし、鼻がつまればポケットからハンカチーフをとりだして洟（はな）をかむことができるのに、医者に眼を閉じたまま鼻を指すように命じられても、それができない。腕を横に伸ばして、たとえば棚から物を取ることはできても、腕を水平に上げるように命じられたらそれができない。（鷲田、1997、p.96）

　すなわち、脳損傷患者は、**自分にとっての意味**が発生しない「こと」はできない、自分にとって意味を感じ取れない「動き」はできないということです。洟をかむことは、自分にとって「鼻が詰まっているのを解消するため」という意味があることであり、そのためには腕や手や指を使って「洟をかむ動作」（具体的動き）をすることができます。しかし一方で、意味を感じ取れない、単なる「洟をかむ『動作』」（抽象的動き）を命じられるだけではそれができない、すなわち、腕や手や指が動かないのです。

自分にとって意味のある動き

　以上から言えるのは、技術習得において練習の対象となる「技術」（例えば、走り高跳びの踏切動作）は抽象的な動きではなく、学習者本人にとって具体的な動きであるということです。自分にとって意味のある動作が、技術としての対象なのです。そうでない場合には、その動作は「練習」の対

象になっていないと言えます。

　技術習得のために、「よく考えて練習するように！」としばしば言われます。それは、自分にとっての「具体的な動き＝意味のある動き」の展開をよくイメージして、つまり、動きの意味をよく考えて、ということです。また、指導において、指導者の助言内容が「抽象的な動き」の次元で与えられていることがあります。そのことに気づかないでいると、「具体的な動き」の次元で練習している学習者の感覚や意識とかみ合わないことが起きます。指導者は、このことをよく知っておく必要があります。

（3）技術習得の意味

分節化から構造化へ

　技術習得のこのような練習過程で、学習者の意識と感覚にどんな変化が起きているのかを知ることが、指導者には必要です。例えば、平泳ぎの練習をしている学習者のことを考えてみましょう。その学習者は練習しているわけですから、腕や足の平泳ぎの動作、息継ぎの動作などを何度も繰り返すことをしているわけです。この過程において、学習者はだんだんと手のかき方、腕の伸ばし方、足での水のとらえ方、息継ぎのポイントなど、平泳ぎをする上で大事な技術的なことがわかってきます。そしてそうしたポイントに納得し、また、できるようになってくる自分に対して自信をもつようになってきます。

　このようなとき、まだフォームの変化はあまりありませんが、意識や感覚には少しずつ小さな変化が起きてきています。この変化を、学習者の意識や感覚内における**分節化**と呼びます。すなわち、平泳ぎをする上での多くの要素や要因の働きや機能が、平泳ぎが「できる」ことに向かって「まとまり」をもつようになってくるのです。学習者はこの変化に気づいていることも、そうでないこともあります。

　指導者は、学習者の中で進行しているこの分節化を、アドバイス内容によって壊さないように注意することが大切です。指導者の言葉は、学習者の技術感覚や技術意識の生成に大きな影響を及ぼします。その意味で指導者は、アドバイス後の学習者の動きの変化に敏感に気づくような感性を磨くことが必要です。

　分節化が起きた後、さらに練習を続けていくと、あるとき大きな変化が起きてきます。つまり、明らかにいままでより「よい動き」に変化するのです。分節化に続いて起きるこの変化を**「構造化」**と呼びます。これは、目指している動きがある程度その通りに実現できるようになった段階です。この構造化の瞬間には、学習者は「できた」ことに直接触れ、その「実感」によって感動し、喜びがこみ上げてくるものです。ただ、この構造化がいつやってくるか、正確な予測はできません。しかし、毎日練習場面に居合わせる指導者には、その学習者の構造化の時期をある程度見極めることができるものです（佐野、2000a、pp.144-145）。

「いつでもできる」という習慣化

　このようにして、分節化から構造化への変化によって「できる」状態が発生します。この「できる」状態（技術習得）は、身体四肢の動かし方が理論的に「わかった」とか、それを説明できるようになったということを意味しているのではありません。「できる」ようになったとは、実際のわざ全体の流れとそこでの具体的な「動き」、そして、そのときの**「動きの感じ（動感）」**を結びつけるその行い方を、**習慣**として獲得できたということ（時枝、2007a、pp.121-122）、また、要求されればいつでも**再現**できる、ということです。

　このことは、次のように考えることができます。例えば「敬語の使い方が身についた」という表現が意味しているのは、敬語がどういうものかを理解した、ということではなく、実際に敬語を使わなければならないときに自然に口をついて敬語が出てくる、ということです。技術習得も本質的にはこのような次元のことだと考えることが必要です。

（4）「できる」の不安定さをめぐる問題

　「できる」状態は、常に不安定な状態にあります。「できる」ようになったからといっても、その状態がずっと維持・保持されることは保証されていません。以下、できない状態から**「できる」**を目指す練習と、できるようになってからの練習に分けて、この問題を考えてみます。

「できない」状態から「できる」を目指す練習

　まだうまくできない段階での練習では、実施ポイントもよくわからない状態です。そうしたとき、自分の身体をうまく操ることができない感覚になります（**反逆身体**：金子、2005a、p.200、p.315）。初心者は、このような状態から抜け出そうと練習を積み重ねていきます。そして少しずつ動きに慣れていき、できるようになることを目指します。このようなまだできないときには、多くの要因が技術習得に影響しています。例えば、体格（手足の長さ、体幹の形状など）、身長、体重などの身体的条件、また筋力、持久力、調整力などの体力的要因、運動感覚やイメージ力などの心理的要因です。ただそれだけでなく、恐怖心を抱いているか、ものごとに対して積極的か消極性か、活動に対して意欲的かどうかなどの情動的要因も技術習得には大きく関与します。練習では、こうした諸要因に目を向けて「できない」状態を少しずつ克服していくのですが、その道のりは平坦ではありません。練習の仕方の工夫、方法論の大切さはここにあるのです。

できるようになってからの練習

　では、一度「できる」ようになってからはどうでしょうか？　できる段階になれば、例えば中級や上級の技能レベルになれば、もうその「できる」に何も問題は起こらないのでしょうか？

　試合に数多く出場して自分の技やプレーには自信があるのに、ある日突然その感覚がわからなくなりできなくなった（**動感消滅現象**：金子、2015、p.92；金子、2018、pp.52-53、p.267）、おかしな感じが出てきて感覚が狂ってきた、失敗が多くなってきたなどと感じることを経験した人は少なくないでしょう。また、以前は跳び箱を跳び越せたのに、なぜか踏切前で立止まってしまった（**運動抑止現象**：金子、朝岡、1990、p.226）など、「できる」はずなのになぜか「うまくできなくなる」ことも、多くの人が経験すると思います。

　このような場合、多くの要因が運動遂行に影響しています。例えば、指導者から納得できないポイントを指摘された、余計なことを考えたなど、何かをきっかけにいつもの動きの感覚が「混乱」してくる、あるいはその感覚が「消滅」してしまうことがあります。また、一応はできていたもの

の、実際には課題解決に対して「なじめなさ」を感じていて、その「なじ
めなさ」から「できなくなる」こともあります。さらに、練習において、
無意識のうちの消極性や、過去のマイナス体験（怪我をした、苦手意識があっ
たなど）から「できなくなる」こともあります。なお、「できる」ようになっ
たといっても、実際にはまだ定着していなかった「動きの不安定さ」から
自信のなさが増大してきて「できなくなる」こともあります。

　このように、ひとまず「できる」ようになったとしても、その後の「で
きる」ことは保証されていない、ということを理解しておくことが重要で
す。

確認問題

●技術を身につける、技術を覚えるとはどういうことか、説明しなさい。
●また、「できる」ようになってからでも、急にうまくできなくなること
　がありますが、そうしたことを引き起こす要因について、説明しなさい。

| column |

国語学者・時枝誠記の言語習得の考え方〜習慣の獲得〜

　国語学者の時枝は、「『言語』を脳中に貯蔵すること」という言語学者ソシュールの言語習得の考え方に対して、次のような独自の考え方を主張しています。

　　・・・（言語の習得）それは、素材とそれに対応する音声或は文字記載の聯合の習慣を獲得することを意味するのである。従って言語の習得は、貯蔵ではなくして習慣の獲得であり、かかる聯合を緊密に保持する処の努力である。（時枝、2007a、p.122）

　こうした時枝の「習慣の獲得」の考え方は、スポーツ技術の習得問題（できるようになるにはどうしたらよいか）を現実的に考え、現場での実際の練習やトレーニングの方法論に生かす上でも大いに参考になる、基本的な考え方であると言えます。

第19講

「できる」状態の判断

学習内容

　この講では、学習者が技術を身につけた結果到達する「できる」の能力レベルを、指導者はどのように判断しているかを学習します。

　「できる」は基本的に、「それは僕にも『できる』」などという「能力」表現で理解されます。この「できる」の判断を、私たちは実に多様な基準をもとに行っています。例えば、あらかじめ決められた課題が達成されたかどうか、また、ゲームの流動的な状況の中で発生する突発的な課題に即興的に対応できるかどうか、などです。そして私たちは、この「できる」状態をいろいろな言い方で表現します。例えば、「ぎこちないけど−できてはいる」「何とか−できる、という感じ」などです。こうした「できる」を判断するときの観点には、達成性、正確性、安定性、効率性、効果性、調和性があります。そして一般に、「できる」の技能レベルを初級、中級、上級と区別します。

｜ キーワード ｜

　できる、運動発達、運動学習、身体知、課題達成現象、コツ探し、無から有、能力、能力所有、スポーツ運動学、課題の達成状態、促発的分析、客観的判断、自己判断、自己評価、創発的分析、良否判断、達成性、正確性、安定性、効率性、効果性、調和性、初心者、初級者、中級者、上級者

（1）「できる」〜課題達成現象〜

身体知の関わり

———

　「**できる**」ことは、**運動発達**の視点でも、**運動学習**の視点でも取り上げられます。例えば、「うちの子は1歳をすぎて、やっと歩くことが『できた』」とか「ようやくハイハイが『できるようになった』」といったときの「できる」は、誕生後の時間経過を、運動発達の視点からみた場合の「できる」です。一方、縄跳びの二重跳びが練習後に「できるようになった」は、運動学習の視点における「できる」です。

　運動発達でも運動学習でも、「できる」はいずれも、人間の「**身体知**」による**課題達成現象**です（身体知について、詳しくは第9講を参照）。ただ、両者には違いがあります。その違いは、意図的な**コツ探し**があるかどうかといった点にあります。つまり、前者の「できる」には、自覚的で意図的なコツ探しはないのに対し、後者の「できる」では、実施ポイントやコツを自覚的かつ意図的に求めようとします。

「できる」の意味

———

　日本語の「できる」は、われわれの側に出てくること、**無から有**が生じること、新しい事物が出てくることなど、物事の「出来（しゅったい）」が基本義です。この「出来」の対象が「もの」の場合には、「できる」は「生産」や「建設」を意味します。また、対象が「こと」の場合には、「できる」は関係の成立（「友達［＝友情関係］ができた」など）を意味します。一方、「できる」の表現の中心に行為の主体を立てた場合、その「できる」は**能力**や**能力所有**の表現になります（「『僕』は逆立ちが『できる』」など）。つまりこのとき、「できる」や「できない」は、「能力」の有無を表現したものになります。このように語義から言っても、「できる」は能力との関係をもっています（佐野、2013、pp.31-32）。**スポーツ運動学**では、この「できる」能力は「身体知」を意味します。

（2）「できる」を判断する基準

　それでは、この「できる」と表現される能力状態や課題達成状態を、私たちはどのようにして判断（判定）しているのでしょうか？

課題の達成状態をみる

　課題の達成状態（実施状態）をみて判断する場合、いくつかのケースがあります（佐野、2005b、pp.72-74）。

　まず、課題が設定（固定）されているケースです。例えば、25mを平泳ぎで足をプールの底につかずに泳ぐ（課題の達成状態）のをみて、実際にそれができれば「泳げる」「できた」と判定され、途中で底に足がついてしまうと「泳げない」「できない」と判断されます。また、走フォームにおける「腕振り」の仕方に注目して、その良し悪しを判断するなども、このケースです。

　次は、変化する状況の中で、その都度発生する流動的課題に対するケースです。例えば、サッカーの試合で、行く手を阻もうとして寄ってくる相手をドリブルでかわすようなときや、野球のバッターが、カウントが追い込まれる中でボールをすべてファウルにする場合などです。これらは、試合展開の中で発生した状況に即興的に、しかも的確に対応するケースです。もちろん、偶然にうまくいくこともあります。この場合は、突然生まれる状況（課題）に臨機応変な対応が「できた」という判断となります。

　また、課題の達成が、できたりできなかったりするケースもあります。この場合、安定してできるかどうかで「できる」ことの能力状態が判断されます（不安定な課題に対する対応力）。さらに、「できた」といっても、次にやってみると「できない」ことがあります。その場合の「できた」は、「できる」段階にはまだ達していない、と判断されるのが普通です。

記録などから判断する

　「できる」を判断するには、客観的記録や点数、数値だけをみて判断す

る場合もあります。例えば、「この状況でこのタイムを出すのは凄い！」や「この大会でこの点数は、能力がある証拠だ！」などの場合です。このようなケースでは、運動している姿を直接みないで「できる」の能力の高さが判断されています。

誰が判断するのか

このような運動の達成状態の判断（「できる」や「できない」）は、指導者だけではなく、学習者自身も行っています。ただ、両者の判断は性質を異にしています。指導者の判断は、「**促発的分析**」による判断です。これは基本的には、単純な「できる」「できない」の**客観的判断**ではありません。それは、学習者が「できる」ための判断であり、学習者はどうすべきかといった未来志向的判断です。他方、学習者自身の判断は、自分の動きに対する良し悪しの**自己判断**、**自己評価**であり、**創発的分析**による判断です。これは、自分はどうすべきか、ということと関係した判断です。

このように、「できる」の判断を指導者も学習者自身も行っています。しかし、言うまでもなく重要なことは、学習者自身が自分の状態を適切に評価・判断し、どうしたらよいかを考えられる、ということです。このことこそが「できる」状態の本質的基準にならなければなりません。

（3）「できる」の表現と区別

「できる」の多彩な表現

技術習得によってもたらされる「できる」状態に対して、私たちは「○×」的な評価をすることもあります。しかし多くは、動きかたをみることを通して多様な感情をもち、それを多彩な表現で表しています。例えば、同じ「できる」と判断されるような動きでも、私たちは、「ぎこちないけど－できてはいる」や、「できているけれど－こぢんまりとしすぎている」などの表現をするものです。また、よいような感じがする一方で、ひょっとして悪いのかもしれないと思うようなときは、出来具合をどのように表現したらよいかに迷うこともあります。わざの出来具合の良否は本来、そ

れほど明確に「○×」的には区別できないようなものだ、と理解しておく
ことが必要です。

多彩な表現に反映される「できる」の判断の観点

　それでは私たちは、「できる」「できない」をどんな観点から判断してい
るのでしょうか？　現場で行われる**良否判断**は単純なものではありません。
例えば、学習者の年齢、競技歴、ゲーム状況を考えて判断したり、１〜２
年先のことを考えての長期的な視点でいまの「動き」の状態を評価したり
といったことがあります。さらには、対戦相手のことを考えた場合の、現
時点のプレーのレベルの判断、といったように、実際はいろいろな観点か
ら「できる」「できない」が判断されています。

　このように、「できる」「できない」は単純に判断されるものではありま
せん。しかし、少なくとも**達成性**、**正確性**、**安定性**、**効率性**、**効果性**、**調
和性**は、「できる」「できない」を判断するためには不可欠の観点です（解
説19-1参照）。

解説19-1　「できる−できない」の判断の観点

・ 達成性：設定された課題がクリアできているかどうか
・ 正確性：常に正確に運動の経過を実施できているかどうか
・ 安定性：いつも同じように乱れることなくできるかどうか
・ 効率性：無駄がないと思われる動きになっているかどうか
・ 効果性：競技や種目で求められる動きになっているかどうか
・ 調和性：動き全体に調和を感じるかどうか

　「できる−できない」を判断する際、私たちは意識的にも無意識的にも、
これらの観点をもち出しています。しかも、それはいずれも「専門的な視
点」からであるべきです。「ただ何となく」であってはなりません。これ
らの観点で評価を行うことができるには、（何年もスポーツに関わっている、選
手として活躍している、「できる」ことに苦労している、指導者としての訓練を受けて

いるなど、）常に専門的な関わりをしていることが不可欠です。

「できる」の技能レベルの区別

———

　この「できる－できない」の判断は、本質的には「技能レベル」の評価を意味しています。例えば、「この『でき方』は**初心者**レベル」「このくらい『できる』ならば中級レベルだ！」などのように表現されます。つまり、**初級者**（レベル）、**中級者**（レベル）、**上級者**（レベル）といった言い方での技能レベルの区別です。

　なお、各技能レベルは以下のような段階を意味します。初級者レベルは、動きの基本構造（技術の粗協調）が形成され、整った条件下であれば何とかできる段階です。中級レベルは、技術が洗練され、定着（精協調の発生）している段階です。上級レベルは、どんな困難な状況でも上手にできるという、技術習得の最高レベルの技能段階を表します（グロッサー、2001、pp.105-107）。

———

確認問題

———

●私たちは「できる」をどんな基準をもとにして評価していると言えるでしょうか。具体的な例を挙げて説明しなさい。
●また、「できる－できない」を判断する場合、そこにはどんな観点があるか、説明しなさい。

| column |

なぜ「できなくなる」のか？

————

　100mを10秒台で疾走できるようになったり、ゆか運動で2回宙返りができるようになったりするには、筋力、持久力などのいわゆる身体的体力要因をはじめ、動きの感覚、精神力、ものの考え方など、実に多くの要因が関わっています。「できる」ようになっているときには、それらの要因が調和的にまとまりをもつように構造化されている、と考えるのが妥当だと思われます。しかしその一方で、「できていた」動きがなぜかうまく「できなくなって」しまうことがあります。怪我等で傷害的原因がある場合は別として、「感覚が狂ってきた」とはよく言われることです。実際のところ、この「できなくなってきた」は何が原因なのか、どんな要因がそうさせているのかは、なかなか突き止めるのがむずかしいと言えます。また、それを直すはっきりした方法も確立されているとは言えません。

　そうした中で、「できなくなる」ことが起きる、唯一考えられる原因は、人間を「実存」としてみた場合の「『存在』の不安定さ」にある、と思われます（実存について、詳しくは第20講、第31講を参照）。「感覚が狂った」と言われるようなときには、その不安定さから、心的ないし意識的、感情的な要因と、技術感覚との間に「溝」が生じてしまっていると考えることができます。このようなときの指導では、その「溝」を埋めるべく、学習者の「実存」と「丁寧に」関わって、その意識および技術感覚の修復に働きかけていくことが重要です。

第20講

「できる」の実存的性格

学習内容

　この講では、技術が身についた「できる」状態には、人間的性格（実存的性格）が現れていることを学習します。

　例えば、逆上がりが「できる」姿は、学習者が練習する、という努力過程の成果としてもたらされるもので、努力性が現れていると言えます。また、逆上がりが「できる」ということを証明するためには、その場でやってみせなければなりません。これは、「できる」ことが即興性という性格のものであることを意味しています。さらに、学習者は一度「できる」ともっとよくできるようにと（志向）練習するものです。すなわち、「できる」には、常によりよいできるを目指す、洗練化志向性があります。加えて、以上のように、努力過程の結果として私たちが手に入れる「できる」状態（姿）は、「やりたいけど―したくない」「しっかり頑張らなければと思ってやった」などといった、人間であるからこその複雑な「心」の状態（パトス）を表しています。

| キーワード |

　できる、努力感、達成感、努力性の状態、努力性の平衡感覚、現在的（アクチュアル）、即興的、即興性、不完全の完全、不安定の安定、存在価値、変動の許容範囲、ゆとり、洗練化志向性、パトス、心的葛藤状態

（1）努力性

　「できる」は、技術が身についた状態を表しています。そしてそれは、練習過程に支えられていて、学習者の**努力感**、**達成感**が反映されている**努力性の状態**です（金子、2005a、p.70；金子、2009、p.78）。

　例えば逆立ちは、人間には通常慣れない逆さ感覚を必要とします。腕だけでバランスをとりながら、逆さ姿勢で自分の身体全体を支える支持力も必要になります。このように、逆立ち姿勢をとるには逆さ感覚、バランス感覚、支持力や保持力が必要になります。人によっては、逆位姿勢自体に対する恐怖感との闘いにもなるでしょう。

　逆立ちで言われるバランスは、バランス「感覚」の意味です。つまりそれは、逆立ちをする人自身が感じて確信する、逆位維持感覚（平衡感覚、平衡維持感覚）です。またこの感覚は、実際に自分が逆立ちを練習していく中で徐々にわかってくる、「これだ！」というバランスのとり方の「感じ」です。つまりこの感じは、自分がどう苦労したかといった内容が詰まった、行為としての**努力性の平衡感覚**を意味しています（Buytendijk, 1956, p.168）。これは、力学的な原理として説明される物理的平衡とは区別されます。

　私たちが逆立ちをするときにバランスをとり、姿勢を維持できているのは、「私の」感覚・意思・努力があるからです。指導者が学習者の倒立姿勢をみるとき、その倒立は学習者の努力性を背景にしている、という見方をすることが必要です。「できる」状態は、「努力性」を背景にした状態なのです。

（2）即興性

　また、「できる」状態は**現在的**（アクチュアル）であり、**即興的**な性格をもっています（佐野、1998b、pp.32-35）。例えば、練習を積んだ結果、逆立ちが「できる」ようになったといっても、その「できる」を証明するには、実際に他者の目の前で「いま、行ってみせる」ことが必要です。つまり「できる」状態は常に、「いま、してみせる」ことによってしか証明できないのです。「できる」つもりでやったらうまくできないこともあり、そのときは「できる」ことは証明できません。そうしたとき、人によっては「昔はできたんだけ

ど……」「さっきはできたんだけど……」という弁解をすることになります。

　このように、「できる」ことの証明は原理的に、その場で「いま」行うことでしかできないのです。この「いま」ということが、「できる」状態が現在的（アクチュアル）であることを強調します。

　またそれは同時に、「**即興性**」の性格をもつことを意味します。病理学者で現象学者でもあるヴァイツゼッカーは、彼の運動発生の理論（『ゲシュタルトクライス』）の中で、人間の行為の即興性に言及し、「即興性」（Improvisation：インプロビザツィオーネン）の概念を強調しました。

　　・・・しかし個々の行為を先行する行為から導き出すことはできない。これらの個々の行為は諸機能の恒常性にではなくその変動に基づいて成り立っている。簡単に言うと一切の行為は即興である。（ヴァイツゼッカー、1975、p.281）

　この即興性は、事前の計画的な準備的過程があろうとなかろうと、行為は、常に「新しい事態」だということを意味しています。学習者によって行われる運動は、予想することはできても、実際どのように発生するのかはわからないのです。できるかどうかが即興的だということは、それが「原因－結果」の法則性をもつ因果律的な自然現象ではないことを意味しています。

（3）洗練化志向性

不完全の完全、不安定の安定

―――

　運動の練習は、絶えずよりよい「できる」を目指して行われます。その練習の中で、学習者が示す「いまの」運動状態は、**不完全の完全、不安定の安定**を特徴として、未来に向けて洗練化を志向するものです。言い換えれば、よりよい動きとなるように改善・改良を続けようとする洗練化志向は、常に「不完全のようで完全」「完全なようで不完全」、また「不安定なようで安定」「安定しているようで不安定」な状態を意味しています。

　この「不完全の完全」「不安定の安定」を澤瀉は、身体構造と身体機能の性格として説明しています（澤瀉、1964、pp.97-99；澤瀉、1965b、pp.70-

84)。人間は誕生してから、赤ん坊→幼児→児童→生徒→大学生→成人→老人といったように成長していき、その過程で「身体」を変化させていきます。しかし、どの時点で「身体の完成」と言えるのでしょうか？　例えば、法律上の「大人」は「人間の完成」を意味するのでしょうか？　かりにそうだとしたら、幼児は未完成の人間となります。一見、そうした理解でよいように思えますが、そうした考え方は、完成段階には**存在価値**があり、完成段階でなければ未だ存在価値はないとする極端な考え方も誘発することにもなります。幼児には幼児の完全さがあり、大人には大人の完全さがあるのです（澤瀉、1965b, pp.76-77；澤瀉、1964, p.97）。では、いつになったら完成するのでしょうか？　澤瀉は、どの段階にも不完全と言える側面はあるものの完全だ、また、完全と言えるものの不完全だと主張します。いつになっても不完全ですが、いつも完全な存在価値がある、と言うのです。そうした性格をもって、私たちの身体は成長とともに変化していくのです。

　また、身体の機能で考えてみると、人間の生理的な機能はいつも動揺しています。例えば、私たちの体温は朝と昼と夕方では一定ではありません。また、健康診断などでチェックされる血糖、たんぱく、血圧、脈拍などもいつも一定の値を示しているわけではありません。さらに、それらの値は朝と昼、運動前と運動後、緊張したときとそれから解放されたときでまったく違うのです。ただ、大体「ここからここの間」といった、正常だと判断される**変動の許容範囲**があります。それは、「**ゆとりがある**」ことを意味します（澤瀉、1964, p.99）。つまり身体の機能は、絶えずその範囲内で揺れ動いているのです。病気のときは、その範囲を逸脱すると言えます。こうしたことから、身体の機能は不安定のようで安定している（正常：許容範囲にある）、また、安定はしているが不安定だ（許容範囲内で変動している）、と言えます。こうして澤瀉は、身体機能の性格を「不安定の安定」と特徴づけました。

「不完全の完全」「不安定の安定」の概念と洗練化志向

　このような澤瀉の考え方は、運動の「できる」を考える際にも通用します。
　まず、不完全の完全について考えてみましょう。ピッチングや宙返りの

姿勢、また疾走や踏切のフォームは、不完全のようで完全であり、完全なようで不完全だと言えます。練習していくと、フォームはよいフォームに向かって少しずつ変化していきますが、この変化は、その状態が不完全であるからこその、完全へ向かっての歩みなのです。また、鉄棒のけ上がりがまだ上手に「できない」ときの「できないフォーム」は、「できる」へ向かう「できるための形態」として発生している、存在価値のあるフォームなのです。

　こういった考え方ができるかどうかが、運動現場では必要になってきます。「できる」を目指す、どの段階のできないフォームや動きかたにも、存在価値があると考えられるかどうか、ということです。練習方法のアイデアも、こうしたものの考え方から生まれてくると言えます。

　不安定の安定についても考えてみましょう。これは、動きの「感じ」と「できる」との関係になります。例えば、サッカーでボールを蹴るときの「感じ」と、ボールが「飛ぶこと」＝「できる」は結びついていなければなりません。しかし、そのときの感じやイメージは、決して固定されてはいません。ボールを蹴るときの「感じ」は、いつもどの瞬間でも、まったく同じではありません（固定されていない）。つまり、その「感じ」は、ボールが飛ぶこと（「できる」）との関係で、つねに揺れ動いているのです。

　もちろん、「できる」ようになった人の「感じ」やイメージは比較的、安定していると言えます。しかし、絶えず不安定な側面も有しています。そして、できる「感じ」がいつもと大きく違っていると感じ、許容範囲を逸脱したときに「何か変だ！」「違う！」「感覚が狂った！」と感じるのです。

　「できる」は固定された状態ではなく、絶えず完全や安定へと向かう志向的性格をもちます。また、練習のどの段階のどんな状態にも、存在価値と存在意味があります。ある時点の「できる」状態は、さらによりよい動きかたへと方向づけられる、**洗練化志向性**を内在させています。

（4）パトス性

パトス（Pathische）は、人間の複雑な心の状態を指す言葉です（ヴァイツゼッカー、1975、p.307；金子、2018、pp.350-366）。例えば、心の中にある「〜したい」「〜ねばならない」「〜し得る」「〜すべきである」「〜してもよい」

といった、人間の行動を左右する、複雑で揺れ動く心的状態を言います。学習者が示す「できる」状態（と「できない」状態）では、このパトスが表出されているのです。

　例えば、逆立ちをすることを怖がる子どもは、逆さにならなくとも、ただ腕立て姿勢になるだけでも恐怖心を抱きます。そしてその恐怖心から、逆位姿勢にもち込むのを拒否してしまうことがあります。このような場合、その子は「怖さ」とともに「したくない」という気持ちになります。この複雑な心的状態から、子どもは逆立ちすることに拒否反応を起こすのです。逆位の姿勢には、そうした心の状態が現れていると言えます。また、一流選手が出すプレーは、その選手が「自分の最高のわざを出したい！」や「相手には負けられない！」といった、**心的葛藤状態**（パトス）と無縁ではないはずです。「できる」状態は、パトスと一体となっている運動状態なのです。

　体力が前提にはなるものの、「できる」という状態は、これまで説明してきた努力性、即興性、洗練化志向性、パトス性によってはじめてもたらされる「人間的」な性格のものです（図20-1参照）。この「人間的」なことを強調する言葉として、「実存的」という語も用いられます（実存について、詳しくは第31講を参照）。そうした観点から言えば、「できる」の性格は、実存的性格として特徴づけることができるのです。

図20-1「できる」の実存的性格

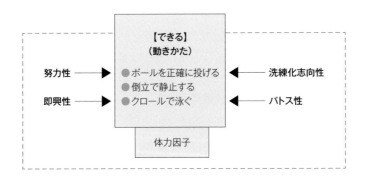

確認問題

●学習者自身が体験する「できる」という状態は、どんな性格のものとして理解しなければならないか説明しなさい。

●また、「パトス」は人間の運動をどのように左右するか、具体例で説明しなさい。

| column |

「できる」ようになることは個性的になること

———

　第12講のコラムでも触れていますが、澤瀉にならえば、技術的習熟は「未分化→分化」という分化のプロセスで考えることができます。澤瀉は、この分化（differentiation）は個体化（individualisation）であると同時に、個性が明瞭になっていくことだと指摘します（澤瀉、1965b、pp.75）。これに従って考えてみるならば、「できる」ようになっていく変化は、より実存的性格を強くし、個性豊かなレベルの高い動きかた（運動様式）への変化だと言えます。

第21講

技術とコツの関係

学習内容

　この講では、技術という概念を語源的に遡って検討し、効果的な動きかたとしてのスポーツ技術が、コツと関係していることについて学習します。

　技術という言葉の語源を探っていくと、古代ギリシャのテクネー概念にまで遡ります。テクネーは、家を建てたりものを作ったりすることに関わる概念で、「巧み」にものごとを処理する能力を意味します。プラトンは、このテクネー概念をエピステーメー（科学知）概念と結びつけて、経験の積み重ねによって獲得される単なる技能、技法（トリベーという概念）から区別しました。一方、アリストテレスは、テクネーは人間が「ほんとうのもの」をとらえるときの「知」に属するものだとしていました。スポーツの技術を考えるときは、このアリストテレスのテクネー認識の立場に立つことが重要です。この立場に立つことではじめて、技術とコツの関係に目を向けることが可能になります。

｜ キーワード ｜

　技術、コツ、身体知、コツ身体知、図式技術、共通感覚的図式技術、私のコツ、われわれのコツ、「できる」ための感覚、テクネー、プラトン、エピステーメー、エピステーメー＝テクネー説、技法、トリベー、経験知、感覚知、アロゴス的性格、意識と感覚の法則世界、アリストテレス、ほんとうのもの、知

（1）技術とコツの接点

技術についての初期の概念認識

———

スポーツ技術は、体力とは違う次元の「できる」をもたらす要因です。それは、自ら探し出したり、上手な人から教えてもらったりする実施上のポイントややり方（身体操作の仕方）です。スポーツ運動学では、課題解決を目指して、実施上のポイントややり方を意識しながら行う動作を、**技術**と呼びます。技術は、本人の意識や感覚が起点となる動作です。

このことは、技術と**コツ**（金子、2002a、pp.220-233）、そして**身体知**（金子、2005a、pp.2-3）との関係を意味します。例えば、ボールを投げるときの「腕を上げる」動作が技術であるならば、「腕を上げる」ときの感覚や意識の内容は、よいボールを投げることを目指したものであるはずです。その際の意識と感覚の内容をコツと言い、技術（有効な動きかた）はコツを核にして成立します。このように、スポーツ運動学では、技術をコツや**コツ身体知**（第9講を参照）との関係で理解する立場に立ちます。

スポーツ運動学において、技術に関係する用語や術語には、以下のものがあります（解説21-1参照）。

解説21-1	スポーツ運動学的立場から提唱されている「技術」に関する用語
	(kaneko, 1985, p.103, p.112；金子、2002a、pp.220-224、pp.281-284；金子、2005a、p.224、p.340を元に筆者作成)

- **図式技術**（Schema-Technik）
- **共通感覚的図式技術**（gemeinsinnmäßige Technik）
- コツ／**私のコツ**／君のコツ／**われわれのコツ**
- コツ身体知

これらの用語は、運動が「できる」ときの動作（動きかた、形態）に関わる、学習者の感覚や意識の内容に向けられたものです。ただし、その有効性は、その動作をちょっとみただけでは、よくわからないものです。そうした点に注目して、20世紀初頭の人々は技術を、きわめて巧妙に行われる手品のたねや要領・コツ（trick）というように考えていました。ドイツ語では、

それはKniff（仕事などのコツ、小細工、策略）という言葉で訳されていました（Bernett, 1962, p.118）。ただ、この点に関するそれ以上の認識の深まりは、当時はありませんでした。技術概念に関する当時の経験、熟練、コツといったものに目を向ける考え方は、今日のスポーツ運動学の立場からすると重視すべき認識です。

図式技術

　それでは、そもそもコツとはどんな内容で、その性格をどのように理解したらよいでしょうか？　コツは、基本的には個人的なものであり、私の中に「できる感じ」として発生してくる、「やり方」の要領やポイントです。「こんな感じ」「こんな意識でやるといい！」といったように、本人なりに確信をもつことができるやり方です。コツは、そのやり方で行う人にとっては「疑うことのない拠り所」となっているものです。さらに言えば、それは、その人が信じることができる**「できる」ための感覚**、「できる」ために描く感覚的「しくみ」だとも言えます。

　「コツ」は一般に、芸術の熟練の奥旨、奥義、技の気合い、骨子、手心、具合、調子、呼吸、間合い、予感、技巧などの内容で理解されているものです。また、何らかの成果を可能にさせる重要なポイントになっています。ただそれは、経験の積み重ねから個人の中に生まれてくる感覚的、非言語的なものとして理解されるものです。

　こうしたコツは基本的には個人的なもので、その意味では、その人に通用しても、その人以外に通用することは保証されていないものです。ある意味で、それは閉鎖的な内容だと言えます。

　しかし、個人的内容であるこのコツは、教えたり教えられたりすることで、他者の中にもその感じが発生し、さらにその有効性もわかってくるものです。そうした意味では、コツは本質的に、他者と共有し得る性格のものだと言えます。「私のコツ」は、閉鎖的で私だけに有効なものではなく、同じ運動をする人には当てはまる内容をもっているのです。さらに言えば、「私のコツ」は、「われわれのコツ」へと方向づけられます。こうしたことから、コツは存在価値と存在意味をもちます。スポーツ運動学では、「われわれのコツ」の中にあり、他者と意識的－感覚的に共有し得る「できるやり方」を、図式技術と呼びます（図21-1参照）。

図21-1 コツと図式技術の関係（金子、2002a、pp.281-284；金子、2005a、p.224を元に筆者作成）

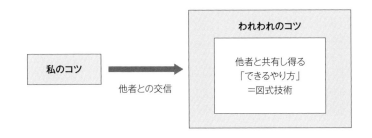

個人のコツ感覚の尊重

　このように、コツは図式技術との関係をもちます。しかしそれは、「コツ＝技術」と、等記号で結ばれる直接的関係を意味しているのではありません。

　コツのこのような性質を正しく理解しておかないと、個人の「コツ」を盲信するとともに、自分のやり方を、直ちに「技術」レベルの内容（誰にも直接当てはまるようなやり方）だと勘違いしてしまうことが起きます。すると運動指導上、多くの問題が生じます。例えば、「自分はこのような感じでやってできたので、君もその感じでやればできるはずだ！」とか、指導者が自身のやり方を理解できない学習者を責める、といったことが起きてしまうのです。

　コツは技術へと成長していく「種」であり、「芽」です。その限りにおいて、コツは技術的性格をもっていると言えるのです。そして、促発指導では、学習者の個人内に生まれる感覚（コツの芽）を摘むことのないようにすることが大切です。その上で、コツの芽は単なる閉鎖的で個人的な感覚ではなく、学習者のわざの生成上、大切にされるべき技術感覚だ、という認識が重要になります。

（2）テクネーとトリベー

プラトンのテクネー認識

────

　技術は、古代ギリシャにまで遡る概念です。技術という言葉の語源を遡ると、古代ギリシャの**テクネー**という概念にまで遡ります（村上、1986、pp.7-8；金子、1968、pp.89-92）。これは、人間が手と心を使ってものを作ることや、巧みに物事を処理する能力、またその手段を意味していました。ただ、**プラトン**はこのテクネー概念をソクラテスに託して、**エピステーメー**という概念と結びつけていました（**エピステーメー＝テクネー説**）。エピステーメーとは学問的であること、科学的であること、因果的であることなどを表している概念です。ですから、プラトンは巧みにものを作るといったテクネー概念を、学問的、科学的、因果的なものとして理解していました。プラトンのテクネーは、ものを作るにも、そこに因果性がとらえられていることが前提とされていた概念でした。このプラトン的テクネー概念が、今日の科学技術や自然科学的な技術概念につながっていると言われています（村上、1981、p.16）。

技法の概念─トリベー

────

　プラトンは他方、私たちの経験と努力の積み重ねによってもたらされる多くの**技法**を、テクネー概念から区別して、**トリベー**という概念でとらえていました。このトリベー概念は、具体的には、料理や絵画、彫刻の技法、また詩の作法などのやり方を指し、人間の文化活動や日常生活において、経験と努力によってもたらされる、技法ややり方を表す概念です。

　プラトンによれば、このような経験から得られる技法（トリベー）は、真の意味のテクネー（自然の因果的な関係［ロゴス］の知的把握に基づく技術）とはなりません。村上は、プラトンのいうトリベーとテクネーの違いについて、建築において大工が直角を得る技法の例で説明しています。それによると、大工（建築）が直角を得るのに縄を３：４：５の比にすればよいことを、それまでの経験から感覚的に得る（知る）のであれば、それは「トリベー」です。これに対して、そうした知識がピタゴラス的、数学的原理（科学的

知識）から得られて裏付けされているのであれば、そこで取り上げている「仕方」は「テクネー」なのだと言います（村上、1986、pp.74-76）。

　要するに、テクネーとトリベーの違いは、客観的な「科学的知識」によって説明されるやり方か、**経験知**や**感覚知**、すなわち身体知を背景にして説明される技法かの違いにあります。つまり、トリベーがテクネーと区別されたのは、トリベーが因果的自然法則を根拠とした方法でないこと、また学問的でなく単なる経験的な方法だという点によります。村上によれば、こうした非論理的、非学問的で単に経験的である、といった性質は「**アロゴス的性格**」だと言え、プラトンはこの点から、トリベーをテクネーから区別しました（村上、1981、pp.14-16）。

　こうして、このようなとらえ方を強調しすぎると、技法のアロゴス性、身体知性格が過小評価され、トリベー的行為は蔑視される考え方になってしまいます。事実、プラトンはそうした理由から、トリベーをテクネーより低く位置づけていました。

　しかし、私たちはいろいろな技法を、自然法則との関係だけで行っているのではありません。トリベーとしての技法は、五感を十分に働かせ、身体知を機能させることで成立するのです（村上、1981、p.15）。

　人間の行為の技法（トリベー）は、自然因果の法則とは区別される内容で、それは、身体知（**意識と感覚の法則世界**）によってもたらされる内容です。

アリストテレスのテクネー認識とスポーツ技術

　テクネー認識について、プラトンと違うとらえ方が**アリストテレス**にみられます。アリストテレスはテクネーを、人がものを作る場合などの「生」に関わるものとしました。彼は、「作られるものの始まりは作る人」にあると考え、人がものを作り出すときのその仕方ややり方を、テクネーと考えています。そして、この「やり方」は、「ああしてもよく」「こうしてもよい」ことを許すもので、1つの「やり方」に限定されず、そこに「巧拙」が生じるものだとしました（三枝、1977、pp.26-33）。

　スポーツ運動学の立場からすると、スポーツの技術の認識においては、このアリストテレスのテクネーの考え方が重要になります。アリストテレスは、人間が「**ほんとうのもの**」をとらえるときのとらえ方には、5種類あると言います（解説21-2参照）。

解説21-2	アリストテレスが指摘した、人間の「ほんとうのもの」のとらえ方
	（三枝、1977、pp.27-35を元に筆者作成）

・ テクネー（技術）：違った方法もあり得る
・ エピステーメー（科学知）：「ああしてもよい、こうしてもよい」という
　 ものではない
・ フロネシス（思慮）：違った考え方もあり得る
・ ソフィア（叡智）：哲学的知
・ ヌース（理性）：判断に関わる心の働き

　アリストテレスによれば、テクネー（技術）は、人間が「ほんとうのもの」
をとらえるための、**知**の1つです。テクネーのこのような解釈は、「スポー
ツの技術は、人間の知（身体知、コツ）として考えることができる」という
根拠を与えてくれるものです。

確認問題

●技術はコツとの関係で理解されるものですが、このことについて説明し
　なさい。
●また、テクネーとトリベーの違いについて説明し、トリベー的知識の価
　値について論じなさい。

| column |

アリストテレスの技術思想

────────

　アリストテレスは、精神の5つの働き（技術、科学知、思慮、哲学的知、理性）を二種類に分けています。それは「真を知ること」と「何かを作ること」の二種類です。また、二種類に分ける際の基準を「ひとつの仕方」しか認めないか、「いろいろな仕方」を認めるかに置いています。そして、後者に属するものは、技術であり思慮であると言います。さらに、アリストテレスは、目的達成の過程は幾通りもあり、その過程こそが技術のいのちであることも強調しています（三枝、1977、p.30）。

第22講

コツ体験の構造

学習内容

　この講では、学習者の技術の体験の構造、すなわち、コツ体験の「構造」を、精神病理学者の安永が提唱した「A／B」と表記される「パターン構造」の概念で学習します。

　安永の理論によると、私たちが体験することは、常に「私の」視点からの「こと」です。そして、体験する「こと」は「自我：e」という、いわゆる対象化し得ない体験起点「e」（A）から生じて、それが対象化し得る「もの E、F」（B）へと向かうことによって認識されます。体験の過程では、私たちは「図式 (Schema)」を機能させることでいろいろなことを了解、認識することができます。この理論に従えば、例えば、走り高跳びで踏切したり、跳び箱で手を着いたりするときの「最後の一歩の出し方」や「効果的な着手のし方」の技術は、まず言葉にならない次元の「自我：e」（A）で感覚的に内容が取り上げられ、そこから具体的な内容のE（B）がとらえられていきます。

| キーワード |

　感じ、できる−しくみ、コツを体験する、現象学、体験構造、A／B、パターン構造、基準体験線、対象化、「私の」視点、図式、技術図式、体験図式、知識図式、図式技術、第一種の知識図式、第二種の知識図式、自然科学的図式技術

（1）「体験」してはじめてわかるコツ

技術の体験

———

　生まれてはじめてスキーをするときのことを考えてみましょう。まずスキー靴を履き、スキー板に靴をビンディングで固定します。そしてストックをもって、何とか立ち上がります。しかし、立ち上がったその瞬間に、はじめて体験する「滑る感じ」に驚き、後ろに尻餅をついてしまいます。こうしたことは、初心者なら誰でも経験するでしょう。初心者は、そのはじめての滑る感じに最初はなじめないものです。怖いという感情も手伝って、へっぴり腰の姿勢で、ちょっと前に滑るだけです。しかし、指導者の指導のもとで練習を重ねることができると、初心者も少しずつ滑る感覚に慣れてきます。

　この時期のことをよく考えてみると、滑る感覚に慣れてくると同時に、体重のかけ方、膝の曲げ方、ストックのもち方・構え方、上体の姿勢等、いわゆる「スキーの滑る姿勢」が少しずつわかり、それが「できる」ようになってきます。脛をスキー靴に当てる感じ、体重全体を前へかける感じ、ストックをもった腕の感じ、滑っているときの、まさにその「滑りの感じ」も、体全体で納得してくるのです。また、曲がるときの山側、谷側への体重のかけ方と、曲がろうとするときの動作が、「スキーの滑り方」という観点から、少しずつ自分の身体感覚の内容としてわかってきます。そして、それを自分でも感覚的に納得して受け入れるようになってくるのです。このようにして、自分の「感覚と意識」に、コツのレベルでのやり方の内容が発生してきます。それは、「スキー技術」の一面を少しずつ体験しつつあることを意味しています。

　こうしたことから、「技術」は基本的に、学習者が練習の中で体験するコツを通して、感覚的に「これだ！」と確認、確信し、そして注目する、「**できる—しくみ**」としてのやり方だ、ということができます。しかし、そもそも、技術内容に踏み込んでいく前提になる「**コツを体験する**」とは、どんな構造をしているのでしょうか。

（2）体験のパターン構造

コツを体験するとは？

————

　「コツを体験する」とは、実際に自分でやってみて、身をもってその効果を感じる「私の」行為です。そして、その効果は常に、「私の」立場、「私の」身体、「私の」意識、「私の」感覚で評価されます。実際に体験するのと体験しないのとでは、そこでみえてくる世界は全く次元を異にしています。

　例えば、倒立のコツやポイントを学習者自身が言う場合、それは実際に倒立を行って体験してみて、「これだ！」と確信をもった（体験した）内容です。これは、逆立ちをしたことのない人が、「外」の立場（体験していない立場）から説明するメカニズム内容や、みての感想、感じとはまったく別世界の内容です。

体験者の視点

————

　「こんな感じ」という体験者の視点は、言うまでもなく、個人的、主観的な内容です。よってその内容は、今日の科学的な立場からすれば、「力」をもつ内容ではないと考えられています。しかし、スポーツの運動を、「する人」の意識や感覚を抜きに考えることはできません。スポーツ運動は「人」が行うものです。ここで重要なのは、「人」の考えること、感じることを起点として、効果的な動きかたを探っていこうとすることです。

　もちろん、スポーツの運動を、まずは「人」的要素を考慮せずに、物体運動的に考えることはできます。しかし、そのときに説明される内容は、やはり物体運動のメカニズム内容です。それは、体験的な内容ではありません。そこには、体験的要素に目を向け、それを重視する考え方がないと言えます。

　これに対して、ものごとの「認識」は人間主体が起点であり、客観の世界もその主体の問題だ、とする考え方や立場があります。**現象学**は、そうした立場に立っていると言える学問です。

安永の体験構造

　「ものごとの『認識』は人間主体が起点である」という考え方を徹底させて、人間の**体験構造**を解明しようとした研究に、精神病理学者・安永の研究があります（安永、1992）。安永の研究の出発点は、「統合失調症患者の治療のためには、まず、患者を人間として理解することが必要であり、患者の体験（認識）構造を把握する必要性がある」と考えたところにあります。安永は一連の研究を通じて、患者の体験の現象学的構造に注目しました。安永の考え方は、自覚的ではありませんでしたが、基本的に現象学的なものです（松下・浅井・牛島ほか、1999、pp.386-387）。

　安永は、人間の体験構造を「**A／B**」と記号表記しました。この単純な記号表記をパターンと呼び、私たちの体験は**パターン**構造をもっているという点に、安永は注目しました。この記号表記は、私たちの認識が、Aが起点となってBへと向かうことを表しています。「／」の記号は、認識の方向性を表し、それが「左から右へ」であって、「右から左へ」でないことを表します。つまり、BはAから理解されるということを表しているのです。また安永は、この構造において、主体から対象へと向かう認識の方向を、矢印記号を使った直線（**基準体験線**）でも表しています。その場合は、記号「A」は「e」に、「B」は「E」〜「F」〜「f」に置き換えられます。（図22-1参照）。

図22-1 体験構造の記号表記（安永、1999、p.27より引用、一部筆者により加筆改変）

```
体験の記号表記：A／B
            A・・・――――→―――・・・B
基準体験線  ：e――――→E――――→―――F――― f
            e――→E――→―F（='e－E'）―― f
```

　このような記号表記で表されているのは、体験内における認識起点（「自我：e」）から、体験上の内容理解が進行していく、という構造です。体験線上にあるEは、無自覚的で対象化できない自我の感じ（e）をかえりみて（反省して）とらえることによって説明可能になった、自我の感じ（e）

に関する対象化された内容です。また、Ｆは「私（という認識起点）：ｅ」が知覚している（例えば、みる）ときの、その対象（例えば、他者の動き）であり、「ｆ」はその際「私：ｅ」が対象「Ｆ」をみて思い描いている、その「Ｆ」の本質（例えば、他者の動きの特徴、動きの「らしさ」）を表しています。「'ｅ－Ｅ'」は、「私（という認識起点）：ｅ」がみる、『他者（Ｆ）』が自分の動きとして感じたり意識したりしようとしている内容（例えば、『踏切のタイミングを遅らせよう』という他者の意識）」を意味します（佐野、2000b、p.10）。

　このようにして表される体験構造Ａ／Ｂから言えることは、われわれが体験してものごとをとらえ判断し、問題化していくときには、起点ＡからＢへ向かうという方向性があることです。例えば、体験内ではまず、意識的にも無意識的にも、自分（Ａあるいは私［という認識起点］：ｅ）が起点になっていて、その延長線上で他者や他者の動きが認識されます。体験する対象は、すべて「私」に対して意味をもつように現れているのです。

体験の起点：私の感じ（ｅ）

　体験のその瞬間（体験線上の左端にあるｅ）は、「私」が感じた内容が無自覚的で対象化される前の状態であり、言葉にならない「あっ！」「おっ！」といった「感じ」でしかありません。しかし、振り返って考えてみる（反省する）と、つまり体験がＥ方向に流れるようになると、その「感じ」を**対象化**して言葉で説明することができるようになります。自我：ｅの言葉にならない「感じ」と、その延長線上において言葉で説明できるようになったＥのレベル（対象化できる自分の体験）の内容は、その人が語る以上は、もちろん別物ではありません。

　例えば、「私」が逆立ちをしている（体験している）とき、私はまず、いましている逆立ちの、言葉にはならない「できる感じ」自体（ｅ）と向き合います。そして、反省と思考を重ねる中で、次第に手のつき方、足の振り上げ、頭の保ち方、目線のとり方が整理され、対象化されて「私」が語ることのできるやり方の内容（Ｅ）になってきます。すなわち、実施者の意識には「ｅ」付近の内容（「感じ」でしかない）と、対象化された「Ｅ」付近の内容（ある程度、言葉でも表現できそうな自分の感覚内容）が生じてくるのです。前者は言葉になりませんが、「実際のできる感じ」であり（「いい感じ」とか「こんな感じ」としか言えない内容、「やればわかるという『感じ』」）、後者は、

その感じを背景にして、対象化され言葉にされた具体的なやり方の内容です（「体重が前にかかったら指に力を入れて踏ん張る」「肩を入れて身体を反ってがんばる」など）。

　ここで「e」が感じている言葉にならない「感じ」も、とらえられ言葉で説明できる内容「E」も、「私」の関わりが前提になっているものです。つまり、「私」が意味づけし、「私」が価値づけている内容です。その意味で、それらは「私」の主観的、個人的なものです。しかし基本的に、現象学の立場に立つスポーツ運動学では、体験のこの**「私」の視点**は、コツの内容に触れ、技術内容を解明するためには、不可欠な視点です。

（3）体験図式

図式

　「私が」体験する際には、「私の」意味と価値の枠組み機能（例えば、知覚している「それが何なのか」を私にわからせてくれる機能）が働きます。その枠組み機能があることで、みているもの、聞こえること、考えていることが「私にとって」何なのか、が意味をもちます。ここに働く枠組み機能を、安永は**図式**（Schema）と呼びました。図式は、私たちが知覚したり感じたりするものを、「私にとって」「意味あるもの」「価値あるもの」にするものです。例えば、ものをみて形や色の判別ができるのは、知覚するものに対して「形」や「色」をとらえる「図式」が機能しているからです。私たちの中には多種多様な図式が無数に存在し、私たちの体験を意味あるものにさせています（佐野、2000b、pp.12-13）。

体験図式としての技術図式

　そういう意味では、私たちの中には、よい動きとそうでない動きを判別する図式が存在すると考えることができます。この場合、それは「技術」に関わる図式であり、**技術図式**と呼びます（佐野、2000b、p.14）。

　安永の分類では、図式は**体験図式**と**知識図式**に大別されます（安永、1992、pp.285-291）。体験図式は「自我：e」に直結し、体験時に発生する

「感じ」を背景にして、私に体験していることの意味や価値をわかるようにさせている図式です（解説22-1参照）。

| 解説22-1 | 体験図式の範囲 |

体験図式：「体験」に直結し、自己に関わる主観的なもの（'e−E' の範囲）

　体験図式は、直接みたり聞いたり運動したりといった体験を通じて、「よい」や「違う」などを、「感じ」として「私に」わからせている枠組み機能です。技術図式は、この体験図式に属す図式です。それは運動をしたときに、動きの技術的な良し悪しを「感覚的に」とらえることを可能にさせている「図式」です。自分の動きがよいのかそうでないかは、この技術図式が機能することによって、まずは言語化できない「感じ」（e）に現れてきます。そしてそれは、反省的な流れの中で、ある程度説明できる体験意味をもつやり方として対象化（E）されていきます。「**図式技術**（Schema-Technik）」と言われるものはこういった内容を表しているのです（佐野、2000b、p.15）（図式技術について、詳しくは第21講を参照）。

知識図式

　安永は他方、「自我：e」（体験）から遊離していて、対象化された、体験意味をもたない、知識に関わる「図式」を知識図式と呼んでいます（安永、1992、pp.287-288）。この知識図式は、「e」から離れているものの、「私」（E）に接続されている図式（**第一種の知識図式**）と、「e」から完全に遊離している図式（**第二種の知識図式**）とに区別されます（解説22-2参照）。

　第一種の知識図式は、例えば、技術本に書かれている実施ポイント（ボールを投げるときのボールの握り方など）がわかる図式です。その技術ポイントは他者のものですが、実際にその技術ポイントを体験することで、「なるほど、わかった」「共感できる」といった形で私（という認識視点：e）の感覚と接点（Eと接する可能性）をもち、「私（という認識視点：e）が実際にボールを投げるときに参考になる知識」に関わる図式です。

　一方、第二種の知識図式は、本質的に「私の体験eやE」とまったく関

係をもっていません。したがって、そこでの内容は、体験者には外部的な知識としては理解できても、自分の体験内容としては了解されないものです。例えば、バイオメカニクスで説明される「できる」の力学的メカニズムは、体験eやEとは接点をもたない、第二種の知識図式での内容（「**自然科学的図式技術**」）です（金子、1985、p.22）。そもそも、力学的メカニズムとしての内容の自然科学的図式技術は、人の動きを物体の運動として考えるという前提のもとで、（体験や意識や感じの観点からではなく、）自然因果法則から提案されています。そのため、体験eやEとは接点をもち得ないのです。安永のパターン理論によれば、この内容は、学習者が外部知識として理解することができても、私自身の動きかたの「技術」としては了解しない内容です。学習者が実際に動くときには、自然科学的図式技術（第二種の知識図式によるもの）とは関係ない、「自我：e」次元で自分の身体を動かそうとします。体験のパターン構造によれば、学習者にできる「感じ」を生じさせるためには、「e」や「E」と接点をもつ、第一種の知識図式上の知識や情報の提供が必要です。

解説22-2 | **知識図式と体験の関係**

知識図式：「体験」から遊離していて、対象化される客観的なもの（F−fの範囲）
- 第一種の知識図式：主体の体験活動には関連し、そこに接続されている知識図式
- 第二種の知識図式：体験活動とは完全に遊離し、体験意味をもち得ない科学的推論のみによって生じてきた知識図式

確認問題

● 「できる」という「私」の技術体験は、安永のパターン構造（A／B）で説明することができますが、そうした説明をすることの意味について、自分の考えを述べなさい。

● また、安永の理論において、体験図式と知識図式の違いを、具体例で説明しなさい。

| column |

図式技術ということ

　人間科学の領域において、図式（schema）は、とくに枠組みや構造、しくみ、概要図、物事の関係図といった意味を核として用いられている概念です。金子は1985年に発表した「Prolegomena zur Methodik der sporttechnischen Neugestaltung（スポーツ技術創作の方法論序説）」という論文の中で、図式技術（Schema-Technik）の概念を提唱しました。その際、この図式技術は、現象学的に確認されるべきであることを強調しています。現象学的に確認されるべきというのは、実際の体験（体験図式）で確認されるべきものだということです。わざを行った人の中に、「できる構造」がどのような根拠をもって、どのように描かれ（成立し）、その際、どんな運動要素の存在が、どのような理由から強調されるようになっているかが、体験的－論理的に分析されるべきだということです。そして、実際に行う際にも妥当と言えるものが、図式技術と呼ばれます。

● 図式技術：例えば、「ここでこんな感じでバランスをとり、このときにこのくらいの力を入れ、腕はこんな感じで……」といった、そのわざをする人であれば誰もが共有しうる、論理的なできるしくみ（やり方）の内容。

第23講

コツの意味類型

学習内容

　この講では、わざは、それをする人のわざの考え方（意味類型）によって行われることを、ドイツ語学者・関口の意味形態文法の理論に基づいて学習します。

　関口の理論に基づけば、言葉を話そうとするとき（言語表現）、話者の考え方（意味形態）によって言葉が選ばれて表現されます。この言語理論を運動に導入して考えてみると、走ったり跳んだりといったスポーツの技術的運動（わざ）をするときの動きかたのポイントを、言葉にして言うときには、話者のわざの考え方（意味類型）が介在している、と言えます。例えば、「宙返りひねりで大切なのは『腕の巻き込み方』だ」と言った場合、それは、その話者の宙返りひねりの考え方の表明です。わざのコツやポイントの表明は、そのわざをする人の考え方と関係しています。

|キーワード|

　考え方、意味類型、意味、関口存男、意味形態、意味形態文法、形式文法、自然科学的立場、話し手の意図、言いたいこと、趣旨、言葉の使い方、形、表現形式、妥当性、信頼性

（1）どう動くべきかの「考え方」〜意味類型〜

　宙返りでひねりをするとき、どんなひねり方や練習をしたらよいかは、現場にいる選手や指導者にとって一大関心事です。そこで言われる「〜の仕方」や「〜という方法」は、それを言う人の**考え方**から生じたものです。例えば、「ひねりで大切なことは、『いったん腕を引き上げてから』行うこと」と言った場合、その「いったん腕を引き上げてから」という仕方は、話者（指導者や学習者）のそのわざに関する「考え方」を表明した内容と言えます。つまり、そうすることが重要だという「考え方」が、その内容に表れているのです。

　これと同じようにして、私たちが運動の現場においてよく口にする、「がむしゃらにやる」「落ち着いてやる」「ゆっくりやる」等々は、そういう「考え方」ですることがよいと発言者が「考えている」ことを意味しています。

　この場合の「考え方」を、**意味類型**と呼んでおきます。私たちが抱く「考え」はその人がとらえている「意味」であって、その「類型」が「考え方」になるからです。この「意味類型」の概念は、ドイツ語学者・関口存男（せきぐちつぎお）が言語（ドイツ語）の分野で指摘した、言葉使用の際の「意味形態（semantotyp）」に相当するものです（佐野、2004、pp.19-20；佐野、2005a、pp.6-7）。

（2）ドイツ語学者・関口存男の意味形態の理論

　ここでは、「意味類型」の理解を助けるために、関口が指摘した「意味形態」の概念についてみていきます。

　関口はドイツ語学者として不世出の大学者で、過去において、ドイツ語学界に大きな影響を与えた人でした。関口のドイツ語文法は、彼独特のものです（寺門、1984、p.22）。その文法の中核概念が「意味形態」で、関口の文法は**意味形態文法**と呼ばれています。

　意味形態文法は、学校で勉強する**形式文法**とは異なります。形式文法は**自然科学的立場**に立つ文法だと言われます。それは、形式文法が、言葉を最小の要素に還元し、その要素間の諸関係や相互作用を調べ、その上で全体のしくみを解明しようするからです。つまり、「文」を構成する最小単位である「単語」を基点とし、その単語をさらに語幹、語尾、接頭辞、接

尾辞などの単位に分解していきます。このようにして全体を分解して「部分」に注目し、その部分から全体をみていこうとする自然科学的方法論で形式文法は成り立っています。この方法によって、語型や文型が取り出され、体系化され、単語や語句の「使い方」が構造化されているのです。

　これに対して意味形態文法は、単語や語句の使い方は、基本的に**話し手の意図、言いたいことや趣旨**から規定されるとし、その表現法の多様さを許容し、話し手の「意図」から個々の単語や語句の「使い方」を考える、という立場に立ちます。関口は「話者」の「意図」（第22講で解説した安永の理論で言えば、「ｅ：自我［自極］に相当」）を起点として、単語や語形の「使われ方」に目を向けていると言えます。意味形態文法では、「言葉」の考え方が形式文法とまったく違います。形式文法は、言葉を構成する要素から言葉全体を理解しようと考えているのに対し、関口の文法は、「人」の**言葉の使い方**から言葉を理解しようとしているのです。

　関口によれば、私たちが言葉を話すとき、「何か」が心に浮かんでいます。このとき、その「何か」は「伝えたい内容」であったり、「言いたいこと」であったり、その「趣旨」や「意味」です。この場合の言葉や表現は、「その人」が「言いたいこと」を表そうとして、「その人」によって選ばれた、１つの表現手段です。つまり言葉は、「その人」のある「考え方」によって選定され、用いられていることになります。「考え方」とは、自分が言おうとする内容に**形**を与えるものだとし、このときの「考え方」を、関口は「意味形態」と呼びました。また、真鍋は関口の説明に若干手を加え、次のように説明して、意味形態を特徴づけています。

　　水（意味内容）に方円（形、表現形式）なく、器（意味形態）に方円（形式）あるのみ。（真鍋、1983、p.295）

（3）話者の考え方としての意味形態

　例えば、日本語に「鼻の差」「髪の毛一本の差」「首の皮一枚」「僅差」などという表現がありますが、これらは「ちょっぴり」「ほんの少し」という「考え方」で用いられている言い方です。このときの「考え方」を「意味形態」と呼ぶのです（関口、1979、p.104）。

　また、真鍋も次のように説明しています。例えば、普通、「言う」とい

う意味のドイツ語としては「sagen（ザーゲン）」を使います。しかし、「言う」を他の語を用いて表現することもあります。例えば、「brummen（ブリュンメン）：うなる」を使って「うなるように言う」、「schreien（シュライエン）：叫ぶ」を使って「わめくように言う」などです（真鍋、1983、pp.289-292）。この場合、うなるや叫ぶなどの語を用いて「言う」ということを表現するという、そういう「考え方」（意味形態）が話者にあるのです。言い方を変えるならば、「力の入った、長く引っ張った低い声を用いた言い方をする」「大声で、わめくような言い方をする」という「考え方」（意味形態）の場合に「うなる」や「叫ぶ」という語を用いている、ということです。

　私たちが抱く「意味」を表現しようとするとき、そこに意味形態（考え方）が介在した**表現形式**が生まれるのです。逆に、他者が話しているときの表現形式には、他者の意味形態が介在した「意味」がそこに現れている、とも言えます。

　私たちが「何か」（意味）を言おうとして使用する「言葉」は、そこに介在する意味形態に従って任意に選ばれるもの（表現形式）です。他者の言語表現を聞くときも、「その人」の言語表現（形式）は、「その人」の考え方である意味形態から生じてきた表現形式なのです。このことから、その人の言いたいこと（意味）を取り出すには、その意味形態に目を向けなければならないと言えます。

　意味形態は、私たちが言おうとする内容（意味）に形を与えるものです。意味形態文法からすると、（形式文法、表現形式といった）「形式」からは直ちに「意味」は生じない、あるいは「意味」はわからないと言えます（真鍋、1983、p.294）。

（4）動きかた、意味類型、図式技術

　意味形態の概念は、スポーツ技術の問題に導入して考えることができます。この場合、課題解決のためのよい、あるいは正しい動きかた（図式技術）の内容を理解するためには、その動きかたの「考え方」（意味形態≒意味類型）を理解する必要があります。なお本書では、言語領域で関口が用いた「意味形態」の用語をそのままは用いず、技術の考え方であることに特化して「意味類型」の用語を用いています。

　ここで、動きかたと意味類型、そして図式技術の関係をみるために、以

下のように考えてみます（佐野、2005a、pp.6-7）。人がする動作を「A」、A（動作）を行う人の考え方を「B」（意味類型）、その人がB（考え方）で行うA（動作）のやり方を「C」（図式技術）、とします（解説23-1参照）。

解説23-1　動作－考え方－図式技術の関係

・「A」＝人がする動作：
　足を振り上げる、上体を前傾させる、頭を背屈させる、等々
・「B」＝動作「A」の考え方（意味類型）：
　動きを安定させる、動きを大きくさせる、相手の対応を誤らせる、等々
・「C」＝考え方「B」で行う動作「A」のやり方（図式技術）：
　「（考え方Bで）A：足を『振り上げる』」、「（考え方Bで）A：上体を『前傾させる』」、「（考え方Bで）A：頭を『背屈させる』」、等々

　このようにして考えた場合、動作「A」は、信頼できる考え方「B」を背景にして行うことができれば、有効なやり方「C」（図式技術）になることが導かれます。つまり、動作「A」をするときの考え方「B」を取り上げない限り、やり方「C」（図式技術）については話題にすることはできない、ということです。「B」がなければ、そのときの「A」は単なる物理的運動でしかありません。「A」の動作は、課題達成につながる有効かつ効果的で信頼できる学習者の「考え方」（「D」）があるならば、「C」（技術）として成立し得る、ということです。「A」が「C」になるには、すなわち、ある「動作」が「技術」として成立するには、どういう「考え方」（「B」）で行うとよいかが明らかにされることが必要です。運動の課題解決は、いろいろな「考え方」（意味類型）（「B」）から出てくる、多様なやり方（図式技術）（「C」）によって達成されるのです。

　運動の「考え方」や、課題解決のための「考え方」の違いは、「やり方」（図式技術）の違いを生じさせます。一般に、「やり方」について言われる「～タイプ」「～型」は、運動そのものや運動課題の解決の仕方の「考え方」の違いを表しています。しかし、同じ課題の達成を目指していても、違う「考え方」で違う「やり方」（技術）が取り上げられることもあります。また、「考え方」が同じでも「やり方」（フォーム）が違うこともあれば、「やり方」（フォーム）が同じでも「考え方」が違っていることもあります。

　このようなことを前提にして考えていくと、「やり方」（図式技術）は、動作の「考え方」（意味類型）を分析することによって、例えば以下のように注目され、表記されることになります。

- 「スピードをつけるのに有効な『前傾姿勢』」
- 「平衡を保つために有効な『腕操作』」
- 「回転力をつけるための『かかえ込み動作』」

　なお、注意しておかなければならないことは、ここで挙げられている「前傾姿勢」「腕操作」「かかえ込み動作」それ自体には、「スピードをつける」「平衡を保つ」「回転力をつける」ための機能はない、ということです。「スピードをつける」「平衡を保つ」「回転力をつける」といった「考え方」が納得でき、その上で、その運動のできるしくみが理解（了解）されてはじめて、この「前傾姿勢」「腕操作」「かかえ込み動作」の意味、有効性が出てくる、と考えることが重要です。技術としての「やり方」は、それを行う人の「考え方」（意味類型）を背景にして成立していると理解することが必要なのです。

　このような「やり方」（図式技術）に内在する「考え方」（意味類型）や「考え方のタイプ」が、運動課題の解決にとって妥当なのかどうなのかについては、実際の効果、社会的承認、理想像、歴史的背景、応用・発展可能性の点から分析、検討することが必要不可欠です。すなわち、練習や指導を通じて抱くようになる「意味類型」や「考え方」が、そうした観点から妥当かどうかが検討されることが必要です。そうした検討や分析から、その「考え方」（意味類型）に**妥当性**があるとされた場合にはじめて、その動きかたややり方（図式技術）に対して**信頼性**が増し、技術としての価値が生まれてくることになります。

確認問題

●自分の得意とする運動（わざ）を例にして、そこに課題解決のための、自分のどんな考え方（意味類型）が働いているのかについて説明しなさい。
●また、ある身体動作が技術と言えるためにはどんな要素が必要か、具体例を挙げて説明しなさい。

| column |

関口の意味形態文法⑴とスポーツ運動学の考え方

　ドイツ語学者・関口存男の意味形態文法（論）を語る上での、重要な特徴の１つとして、「単語や語句の『使い方』は、基本的に話し手の『意図』から規定される」としている点があります。話し手の「意図」によって使われる単語や語句の意味合いは違ってくる、というのです。この考え方は、話者の考え方（意味形態）と表現される言葉の関係性に目を向けたものです。これは、言葉自体に意味が「ある」ものとして言葉を分解的に取り上げ、自然科学的に言葉のしくみを考えようとする形式文法とは違うのです。意味形態文法では、言語表現の分析対象となるのは主として、話者の『考え方（意味形態）』になります。このような考え方は、スポーツ運動学の考え方でも同様だと言えます。すなわち、スポーツ運動学（発生運動学）は、学習者が感じたり思い描いたりする「動きの感じ（動感）」（→意味形態に相当）と運動形態（→単語や語句等に相当）との関係性をとらえて、その「動きの感じ」を分析することを通して運動形態の良し悪しをみていこう（発生分析）とするからです。

第24講

コツの発話構造

学習内容

　この講では、私たちが運動や指導の場面でコツを口にする際の言語表現構造を、主に国語学者・時枝の文法理論に基づいて理解し、学習者が発することばの性質を学習します。

　運動の練習や指導の場面において、私たちは、自分で体験した動きの内容や技術的内容・わざのポイントを「ことば」(内言、外言)にして取り上げます。時枝の文法理論によれば「ことば」は、客体化や言語化されることば(詞)と、発話者の心情を表していることば(辞)が組み合わされています。この理論に基づくと、運動体験や技術体験した人がその内容やコツ・実施ポイントを言おうとしたとき、その具体的な内容とそのときの気持ちや感じなどが「辞」に現れてくると言えます。また、このようなことばは、本質的に「抽象的」な性質をもつこと、そして、発することばと言おうとする内容(意味)との間には、言語学者のソシュールが指摘した「恣意性」の関係があることを指摘できます。指導者は、こうしたことばの性質を理解しておく必要があります。

| キーワード |

　人間の立場、実存的立場、発話構造、時枝文法、詞、辞、客体化、概念化、言語化、言語過程説、言語理論、意味、価値、心の働き、零記号の辞、詞的要素、辞的要素、抽象的、曖昧な性質、恣意性、ソシュール、意味内容、所記、音声、能記、言語情報

（1）コツの言語表現と時枝誠記の文法理論

動きの感じと発話

───

　私たちが動き（わざ）の「感じ」を語る際、そこにそれを語る人の「考え方（意味類型／意味形態）」が現れて、言語表現を多彩にしています（解説24-1参照）。

| 解説24-1 | 動きの感じについて発話する際の構造 |

発生した「動きの感じ」→「考え方」（意味類型／意味形態）→発話（多彩な言語表現）

───

　ここでは、このときの言語表現自体の構造について、国語学者の時枝誠記の文法理論から考えます（佐野、2013、p.92）。時枝の「言語」の考え方は、**人間の立場（実存的立場）**を徹底させている点では、スポーツ運動学における「運動」の考え方と共通しています。その意味で、学習者や指導者がスポーツの動きや技術、コツについて語る際、時枝の言語理論に注目して、その**発話構造**について考えていくことには意義があります。

時枝の文法理論の特徴

───

　時枝の文法理論は彼独自の理論であり（**時枝文法**）、従来の言語に対する考え方とは趣を異にするものです（鈴木、1981、p.1）。その核心は「詞（し）」と「辞（じ）」に関する説にあります（時枝、2007a、pp.258-346；時枝、2020、pp.76-83）。時枝によれば、私たちの言語表現は、**客体化・概念化（言語化）**できるもの（詞：名詞、動詞、形容詞など）と、客体化・概念化（言語化）できないもの（辞：接続詞、感動詞、助詞など）が組み合わされています（鈴木、1981、pp.22-23）。時枝のこの説は、**言語過程説**と呼ばれています。言語過程説は、**言語理論**としては古典と言えば古典であり、言語理論の領域では批判対象にされることも少なくありません。しかし、時枝が展開した内容と考え方

には斬新なものがあります。その考え方は、スポーツ現場で私たちがことばにする動きや技術の内容を考える上で有用なものです。

　時枝の言語の考え方の特徴は、言語を「人間の表現行為や理解行為」と考えている点にあります（佐久間、1957、p.35）。時枝の考え方と対極にあるのが、言語を「音声と意味の結合したもの」と考える立場です。それは、言語を人間の意識と切り離された「もの」として位置づけ、言語を自然科学的な対象として研究する立場です。

　時枝は、このように言語を自然科学的に扱うことを批判しています。言語学と自然科学との関係に対する時枝の批判的立場を、前田は次のように述べています。

　　時枝は、言語学における近代そのものを批判する。そこには、言語の具体的経験から出発する態度がまるごと欠けているからである。具体的経験は、なぜ大切なのだろう。言語は、その経験のそとには実在していないから。言語はそれを経験する者の心のなかにしかないから。（時枝、2007b、p.288）

　このような、自然科学的アプローチに反対する時枝の言語認識は、スポーツのコツの言語表現や表記（例えば、「腕をもっと強く引き上げる」など）をどのように考えたらよいかに対しても、有意義な視点を提供しています。

（2）言語表現の構造

詞と辞の概念

———

　時枝は、「詞」は思想や事柄、言いたいこと、感じていることを客体化や対象化した「もの」の表現である、という点を強調します。例えば、みている「机」「宙返り」、考えている「握り替え」、感じている「速い」「遅い」等々は、「詞」です。要するに、時枝は対象化される（知覚、想像、推量、感じていること等の）意識内容を表したことばを「詞」と呼びました。

　この考え方からすると、例えば、助走する姿や突き放す動作などの、みて・感じて・考える運動要素は、学習者や選手が自分の立場から主体的に取り上げる「対象」です。このとき、助走するなどの運動要素は、実際に運動する人（主体）と無関係に存在する客観的な対象ではありません。助

走することは、話者（主体）によって客体化（対象化）されている要素であり、これを「詞」と言います。人が頭に思い浮かべ、心に描きつつ語る「技術（動きかた）」は、課題を達成しようとして主体によって客体化（対象化）されている「要素」、すなわち「詞」だと考えることができます。

　他方、「辞」は「思想」の主体的立場の表現、すなわち話す人（主体）が表そうとする直接的表現の部分です。これは「〜したい！」「えっ！」「〜だ！」「〜ね！」などの表現であり、また「ぐいっと！」等々の擬態表現まで含みます。こうした表現によって発話者の判断、断定、推量、希望、感動、欲求等々が表されている、と考えるのが時枝文法の特徴です。思想や事柄を言い表す際、話者（主体）にとっての**意味**や**価値**を表す表現部分が「辞」なのです。

言語表現における技術の考え方の関与

　時枝が注目する「詞」と「辞」の違いは、体験して表現しようとする内容に対して、「『客体化』の『心の働き』」が関わるかどうかにあります。例えば、「このときには、強く押し返す」という文の（「このとき（詞）には（辞）、強く（詞）押し（詞）返（詞）す（辞）」と区別されます）、辞の部分の「〜には」「〜す」は客体化されたものではなく、発話者の立場の意味や価値といった「考え方」を表しているものだ、と解釈されます。

　なお、例えば「開脚度が小さい」という表現は、時枝文法では、「辞」が省略されていると解釈し、その場合には、「開脚が小さい■。」と表します。この文には、「辞」はないものの、この■の記号が（例えば「〜ね！」を表すなどというように）、発言者の気持ち、感情等を表すとされます。なお、■の記号は、「**零記号の辞**」と呼ばれます（鈴木、1981、pp.26-27）。

　こうした考え方に基づくと、スポーツにおいて、学習者本人が外言や内言などのことばで取り上げる「技術（動きかた）」の内容は、**詞的要素**（客体化・対象化された（る）「動き」）と**辞的要素**（客体化・対象化を前提としない「感じ」や「考え方」および動作の意味と価値）が結合したものとして表現されていると言えます。

（3）コツ内容と言語表現の関係

　このように、学習者は感じたり思ったりしたコツ内容（ポイントとなるやり方の内容）を、詞と辞の組み合わせによることばを用いて発話します。ただ、その際の言語表現は、コツ内容を直接反映していると言えるのでしょうか？　少なくとも、以下のことを理解しておく必要があります。

抽象的であること

　例えば、鉄棒でぶら下がって行う懸垂振動で「タイミングよく『あふる（スイングに合わせて腰を曲げ伸ばしして勢いをつける）』ことが大切だ！」と言う場合、その「タイミング」「よく」「あふる」「大切だ」という言語表現は、よく考えると漠然としていて**抽象的**です（町田、2004、pp.11-13）。そこで言おうとしている内容自体は、確かに具体的内容です。しかし、それを言語表現する際には原理的に、内容が抽象的になってしまいます。

　「タイミング」「よく」「あふる」「大切」という「ことば」は日本語ですし、決して難しい単語を使っているわけではありません。しかし、ここで言われている「内容」を正しく理解して鉄棒の「スイング」をするためには、ここで使われている単語の意味が運動との関係で明確になっていること、またその「場」に居合わせて「直接」その内容が説明されることが不可欠です。

　技術内容や技術ポイントは、それを「言っている」人の「意識」「感覚」「考え方」などと結びついています。つまりそれらがわからなければ、そこで言われていることばはただ単なる「ことば」「単語」「音」でしかありません。直接その場で説明されるなどの前提がなければ、正確な内容の表現にならないのです。その意味で、私たちが発話する技術的な内容は「抽象的だ」と言えます。「ことば」は本質的に、抽象的で**曖昧な性質**をもっています。

　逆に言えば、言語表現したときにやり方がわかるような、具体的な場面や状況を設定して説明する必要があります。そうすれば、抽象的な「やり方」や比喩的に表現された内容は「特定」されます。そして、学習者はイメージしやすくなり、具体的内容として理解できるようになります。「動

きかた（技術）」が言語表現される場合、具体的な状況を作り出して表すことが必要です（佐野、2005b、pp.85-86）。

恣意性があること

　技術としての動きかたの内容と、それをことばにした表現との関係は、必然的な関係ではありません。この「必然的な関係はない」という特性を**恣意性**と言います。恣意性は、フランスの言語学者**ソシュール**が指摘し、言語の特性として強調しました。言おうとする内容（**意味内容＝所記**）と、そのことば（**音声＝能記**）との間には必然的な関係はない、というのがソシュールの言う恣意性です（ソシュール、2016、p.103；町田、2004、pp.42-49.）。

　それをスポーツの動きかたに転用して言うならば、例えば、ある身体の状態について、「体が開く」「腰を落とす」となどというような決まった（必然的な）「言い方」があるわけではなく、別の表現をしてもよいということになります。

　また、同じ運動状態や技術ポイントを言う場合、たとえ日本語でも英語でも、使う単語の「意味」が同じだとしても、それぞれのその「ことば」に込められているニュアンスやイメージまでも同じだという保証はありません。日本語と英語は言語の違いですが、言語自体の違いだけでなく、言語が影響を多分に受けている文化、生活、風習、教育、社会、歴史などの違いもあります。

　そもそも、「やり方」を表す方法にはいろいろあります。必ずしもことばで表さなければならない決まりはありません。言語でも映像でも、また文字でも手振りや身振り等でもよいわけです。ことば（言語表現）は、そうしたものの中の一部でしかないのです。動きかた（技術）を表すのにことばを用いることは、その「技術」と直接的には何の関係もない「音（言語）」を、無理やり結びつけようとすることでもあります。ことばでは表現できない、技術的要素もあると言えます。

　こうした事情から、ソシュールの指摘にならって言うならば、学習者本人が「この運動はここがポイントだ！」と思っている内容（意味）と、それを表現する際に用いる「ことば」との間には、必然的な対応関係はない（恣意性）と言えます。かりに技術的に重要だとして、ことばで表されてい

たとしても、その**言語情報**がそのまま技術の内容を表しているとは言えません。技術内容とそれを言語表現するときに使う単語、そしてその表現の仕方との間には恣意性があり、意味類型（第23講参照）としての、その人の動き（技術）の考えから表れたものなのです。指導者は、こうした性質を理解しておく必要があります。

確認問題

●時枝の言語理論よると、指導者にしても学習者自身にしても、技術（動きかた）に関する発話内容は、客観的内容（詞）と主観的内容（辞）によって構成されています。このことをわかりやすく説明しなさい。

●また、学習者が思っている技術内容とその言語表現との間には、恣意性があります。この恣意性とは何か、説明しなさい。

| column |

コツはことばで説明できるか？

———

　ロシアの言語学者ヴィゴツキーによれば、人間の表現活動はことばを話すことから始まります。その後、文字を覚えたとしても、話しコトバを直ちに書くことはできないと言います（ヴィゴツキー、1963、pp.73-74）。書きコトバは話しコトバと違い、抽象化段階にあることばだからです。このことを根拠として、体験したコツを説明する場合のことを考えてみると、そのことばが話しコトバであっても、書きコトバに近いものなので、説明するときのコツの内容は抽象的になってしまいます。つまり、感じていることや思っていること（コツ内容）をそのまま言い表してはいないことになります。コツと言われている内容がわかるには、ただ言語の内容から理解するのでなく、言語的な説明内容を手掛かりに、まず自分でも体験してみること（少なくとも代行的体験）が不可欠です。その上で、その自分の体験的視点から技術の本質的内容に迫るべく、言語的に表現され説明される内容を現象学的に、また、多角的に分析していこうとすることが必要です。

第25講

できる論理としての技術

学習内容

　この講では、スポーツの技術は、自然法則や力学的メカニズム
で考えるのではなく、ラング的な「できる論理」として考えるべき
き「動きかた」であることを学習します。

　学習者が行う技術としての「動きかた」は、ことば（言語行為）
と同じ「行為」です。ことばにはラング（「ことばの規則」）があり、
ラングによって言語行為（論理的思考、他者との意思の疎通など）が
可能になっています。行為である技術にもことばと同様に、ラン
グ的な動きかた（行為）の規則があるはずです。そして、その規
則が「できる論理」として働き、運動をできるようにさせている
と考えることができます。「できる論理」としての技術の性質には、
以下の３つがあります。

　　1．誰もが頭の中で取り上げる
　　2．社会的性格をもつ
　　3．一連の動作に機能的順次性がある

| キーワード |

　行為、できる論理、社会的性格、機能的順次性、ラング、こと
ばの規則、ことばのしくみ、規則的側面、個人的側面、パロール、
個人技法、音素、意味的な音、技術要素、音素的、1つの単語、原
始的言語、分節、前言語、語順、言語、できる感じ、原動感、ラン
グ的動感、自然（因果）法則、語順の規則、個別言語

（1）論理に従う動きかた

　スポーツの動きやプレーといった技術としての「動きかた」は、体力要因や力学的要因に支えられています。しかしその一方で、動きかたは、学習者が自身の意思で行う「**行為**」であり、自然法則や力学的メカニズムではなく、ラングと呼ばれることばの規則による「**できる論理**」に従って生じるものでもあります。こうした技術としての動きかたの性質として、「できる」ことを目指す「人」の「頭の中」に発生すること（できる論理）、**社会的性格**を有すること、やり方の一連の動作にはことばの語順の規則と同じような**機能的順次性**があること、を挙げることができます。以下、技術のこの3つの性質についてみていきます。

（2）誰もが「頭の中」で取り上げる「できる論理」

　スポーツで求められる、課題達成のための手足の動かし方や顔の向き、頭部の保ち方などの技術としての「動きかた」には、学習者が感じたり考えたりする、運動が「できる」ための「論理」があります。

　例えば、鉄棒でけ上がりをする人が取り上げる、できるための実施ポイントをめぐる内容は、人によっていろいろです。この技を行ったことがある「人」、なかなかできない「人」、まあまあできると言っていい「人」、上手な「人」、そうした人たちからはそれぞれのポイントと問題点が出てきます。それも、学習者本人の意識の前面に出てくる・自覚される・一部は「ことば」に反映される、などといった言語表現として、技を実施する上でのポイントやそのむずかしさなどが表面化してきます。そうしてことばにされる鉄棒への足先の近寄せ方や鉄棒の握り方などの動きかたは、発言者からすれば重要な「できる論理」「できる法則」として受け止められているものです。ここで表面化している動きかたの内容は、実際にできた「人」が自らの運動実践や練習を通じて感じ、意識されたものです。ただしそれは、単なる感じではなく、わざができるための論理として、すなわち「できる論理」として本人には受け止められているものです。

　ここで注意しておくべきことは、この「できる論理」は、「できる人」の「頭」（意識や感覚）の中に発生し、「できる構造」として整理されたもの

だ、ということです。他方、まだうまくできない人の「頭」には「うまくいかないことのもやもや感」や「行うことがむずかしい……」などの印象や感じが発生し、「できる論理」としては成立していません。

　できる・できた人の「頭」の中に発生してくる、「〜すれば、いい！」という「できる論理」や「できるしくみ」は、「ことば」で言えば、**ラング的な次元の内容**に相当します。ラングは人間が有する「**ことばの規則**」や「**ことばのしくみ**」です。それは、語彙や文法などといった、習い覚えることによって使えるようになる規則やしくみです。ことばがしゃべれるようになり、他人が言っている「こと」が何かがわかるのは、人間がラング（ことばの規則）をもち、社会の中で共有しているからです（町田、2004、pp.8-10）。

　ラング（langue）は、言語学者ソシュールが、言語学の「対象」を明確にしようとして設定したもので、ことばを**規則的側面**と**個人的側面**に分けたときの規則的側面の内容です。一方、個人的側面は**パロール**と呼ばれます。ことばの使い方や表現、ニュアンスは、個人の特性や性格によって違いますし、そこには個性が現れます。この個人的、個別的、個性的な側面を、ソシュールは「パロール」と呼んだのです（町田、2004、p.24）。パロールは、確かにラングの個人的な「現れ」であり、「ことば」の側面には違いはありません。しかし、ソシュールは、ラングのようなことばの規則性を見出しにくいということから、パロールを言語学の対象から外しました。

　ラングとパロールの概念をスポーツに適用してみると、運動の技術（図式技術）はラングとして、運動を行う人すべてが共通して認識する（頭の中で取り上げる）規則的な内容、すなわち「できる論理」と考えることができます。一方、実際に運動をする個々の人による、個人的・個性的なやり方（具体的な「技術」の展開→**個人技法**）はパロールの問題になります。

　また、このラングに属するものに**音素**があります。音素は、実際に発音される物理的な音響次元の「音」とは違います。それは、人間の頭の中にある**意味的な音**です。あるいは、人間が「意味」と関係づけている「音」が音素だと言えます。ですから、例えば、ドイツ語の「ｒ（エル）」という音素を聞いたとき、同一言語圏で生活している人であればその「音」を聞き取ることができ、それが何を意味しているかもわかるのです。音素は、生活圏で習い覚え、習慣的に身について使いこなせるようになった、意味的音（声）なのです（町田、2004、p.17）。

　この音素の意味するところも、運動に転用して考えてみることができま

す。そうした場合、技やプレーをする人の「実際の動き」としての**技術要素**は、**音素的**であると言えます。つまり、スポーツの技術的な動きは、物理的な動きではなく、ラング的・音素的な性格の動きだということになります。例えば、テニスのボレー技術は、テニスを行う人たちの間で共通的に理解されるラング的で「意味のある（音素的な）動き」だ、ということです。

　このラングとしてのできる論理（≒技術）は、練習を通じて、学習者の中にでき上ってきます。その生成の仕方は、人類のラング（ことばの規則）の獲得過程に順じたものだと言えます。人類（あるいは私たち個人）のラング獲得の流れをみてみると、ラングは、1つの事柄を**1つの単語**で表す「**原始的言語の段階**」から、**分節**のしくみができ上る「**前言語の段階**」、そして、**語順**が獲得される「**言語（ラング）の段階**」を経てきました（町田、2001、p.52）。

　それと同じようにできる論理は、練習過程を通じて、私たちの「中」に、まず大枠の「**できる感じ（原動感）**」として生じてきます。そしてその後、部分的なポイントへと注目されていき（前ラング的動感）、さらに段階が進むと、ラングとしての「**できる論理**」（**ラング的動感**）をなす、と言えるのです（図25-1参照）。

図25-1 技術におけるラング的動感成立の流れ

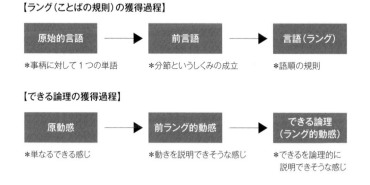

【ラング（ことばの規則）の獲得過程】

原始的言語　→　前言語　→　言語（ラング）

＊事柄に対して1つの単語　　＊分節というしくみの成立　　＊語順の規則

【できる論理の獲得過程】

原動感　→　前ラング的動感　→　できる論理（ラング的動感）

＊単なるできる感じ　　＊動きを説明できそうな感じ　　＊できるを論理的に説明できそうな感じ

（3）できる論理の社会的性格

　「できる論理」は、学習者の意識上に成立してくる「こう『する』と『できる』」「こう『やる』と『うまくいく』」という、できるための論理的しくみです。この論理は、学習者個人だけの閉じた内容ではなく、社会的性格をもっています。

　ラングは、人間が「事柄」を伝えようとして形成・発達させてきた、ことばの規則です。これは、社会のルールやモラルなどの規範、慣習、決めごとのように、人間社会の中でその都度、また時代ごとに、人為的に作られてきたものです。ラングは、法律とか社会的規則やルールと同じようなものであって、その社会に属している人なら受け入れなければならないものです。また、人が生まれてからしゃべり、その「ことば」を使えるようになるには、ラングという決まりや規則、ルールを「覚え身につけ」なければなりません。

　こうした視点から、ラングは、話し手と聞き手の「共通理解」を保証する規則であるという「社会的性格」（≒「みんなと共有する」という性格）をもっていると言えます（町田、2004、p.15）。この社会的な性格の規則だという点で、ことばの規則やしくみは、落下や慣性、作用反作用の法則などの**自然（因果）法則**とは区別されます。

　このようにラングは、「ことば」を使う人が、生活する社会の中で共通理解を得るためのものです。その際、ことばの意味と発音の関係は、その「社会」がそこにいる人たちに対して強制している「決まり」のひとつです。その意味で、ことばの「ラング」は社会的性格をもつと言えます。

　このことをスポーツの技術で考えると、ラング的な「できる論理」は、練習によってその個人の中で成立すると言えるものであっても、それはその個人のみの閉じたものではなく、他と共有し得る社会的性格をもちます。

（4）動きの要素の機能的順次性

　わざをするとき、その動きの展開には「順次性」がみられます。この順次性は、ラング（ことばの規則）の上では「語順」に相当します。

　ことばには、単語の並び方の規則、すなわち**語順の規則**があります。こ

の規則があることによって、ことばの使命である事柄の伝達が可能になっています。**個別言語**（日本語や英語、ドイツ語など）によって規則の内容は異なりますが、それぞれの言語において決められている「語順」で話すことが、「ことば」の「役割」を果たすことになります。例えば、英語であれば「主語－動詞－目的語」の「語順」で話すことが基準です。日本語であれば、「主語－目的語－動詞」のように動詞が最後にきます（町田、2004、pp.19-21）。

　このようなことばの語順と同じように、スポーツにおける「わざ」を成立させるための「要素」にも、守られなければならない機能的順次性が存在します（例えば、動作の機能的な展開としての、「準備局面→主要局面→終末局面」といった順次性です）。

　この機能的順次性の理解で重要なことは、運動する「人」が「わざ」の実施で取り上げることになる、細かな動きの要素の丁寧かつ微妙な順次的展開です。例えば、ボールを投げる際の、実施者にしかわからないようなアクセントのつけ所がずれてしまうことは、順次性がうまくいっていないことを意味します。その場合は、客観的にみた「動き」がそれほど悪くなくても、課題が達成されなくなる可能性が高くなってしまうのです。それは、外国人が話す日本語を聞くときに、語順がおかしく、単語の発音の仕方やアクセントの場所が少しでも違うと、何を言っているのかわからなくなることがあるのと同じだと言えます。

確認問題

● ことばの規則と、落下の法則などの自然法則とはどのような点で違うのか、説明しなさい。

● また、客観的にみて動きの展開に問題がなくても、よい実施とは言えないケースについて、機能的順次性の観点から具体例を挙げて説明しなさい。

| column |

スポーツの技術のラング的考え方

　本講で説明してきたラングは、ことばを成立させている「言語行為」の規則であり、その規則に則ることは、人間の思考の表現や意思の疎通を図る上で不可欠です。このラングをスポーツ技術に転用して考えてみた場合、ベルネットが指摘している「仕方的認識」（第16講参照）の問題になります。この場合、「仕方」を運動する人の内容とするならば、それは人間の運動行為の内容になります。このように、スポーツの技術を運動行為と考えれば、その動きかた・仕方には、行為の規則、すなわち、言語と同様の性格のラング（できる論理）が成立すると考えることができます。

　例えば、逆上がりの実施ポイント（コツ）を探そうとするとき、それを行為（やり方）の規則（できる論理）から解明し、その内容に価値を見出し重視するのが、スポーツ運動学の考え方になります。

第III章

わざ指導の促発方法論

第26講

わざの観察

学習内容

　第Ⅲ章では、わざを指導する際の促発方法論を学びます。

　この講では、指導者の促発行為において発揮されるべき、不可欠な「わざ観察力」について学習します。

　「わざ観察力」は、指導者の専門的眼力を意味します。それは、スポーツにおけるプレーや技を、「わざ」という視点から価値づけ評価し、問題点を浮き彫りにすることのできる観察力、という意味です。この観察力は少なくとも、理想的なわざの生成に向けて想像力を働かせて、実施上の問題点を見抜ける力、また、動きをみたときに生じるわざの良し悪しに関する印象を、技術的に分析できる印象分析力を意味します。

| キーワード |

　シュトラウス、感覚のスペクトル、わざ観察力、わざの感じ、身体化、観察、想像力、見抜く、直観、対象的思惟、印象、印象分析、趣味判断、感性学的判断、印象分析力、少数派／小数知、鋭い直観、厳しい訓練、専門的眼力

（1）わざ観察力

わざの「感じ」を味わえること

　指導者は、まず学習者の動きを「肉眼」でみて、その視覚的特徴を取り上げます。例えば、児童の水泳のクロールをみて「水のかき方」や「バタ足の仕方」がおかしいと感じるような場合、それは基本的に、視覚的で目にみえる映像的特徴をもとにしています。

　しかし指導者は、泳ぎ方（水のかき方、水の蹴り方など）を「みる」とき、単に視覚的な情報しか取り上げないのでしょうか？　指導者が学習者の泳ぎ方を「みる」とき、それは確かに空間的・映像的な内容です。しかしその他に、指導者は、学習者の力の入れ具合や、息継ぎをするときの呼吸の「しにくさ」や「苦しさ」も感じるものです。また、水が冷たいような場合には、自分（指導者）がプールに入っていないにも関わらず、学習者が感じているであろう「水の冷たさ」（触覚、冷覚など）も同じように感じるでしょう。さらに、腕や手を怪我していて、その痛みを我慢して泳いでいる学習者の「姿」をみれば、指導者もその学習者の「痛み」を感じるものです。

　精神病理学者シュトラウスによれば、私たちの感覚には「視覚－聴覚－触覚－嗅覚－味覚－痛覚」という**感覚のスペクトル**（配列）があります(Straus, 1956, pp.390-403；木下, 1986, pp.150-152；村田, 2019、pp.76-82)。感覚のスペクトルから言えることは、視覚はそれだけで閉じた感覚ではなく、聴覚や痛覚など他の感覚と繋がっている、ということです。その際、視覚はより外部に向かい、自我から遠ざかるに従って客観化される感覚です。それに対し、その対極に位置する痛覚は内部的な感覚であり、主観性が強く、言語化することがむずかしい感覚です。

　この感覚のスペクトルを根拠にして、みること（視覚）が聞く感じ、触れる感じ、におい、味、痛みといった感じ（感覚）にも繋がっている、ということが言えます。つまり、みる（視覚）ことでやわらかい感じ（触覚）を取り上げたり、みて甘さを感じたりする（味覚）ことは、根拠あることなのです。他者の怪我の痛さ（痛覚）に共感するのも、この感覚のスペクトルを根拠に説明することができます。

　このことを前提に考えると、指導者が学習者のわざをみる（観察する）

力は、単に視覚的なみる力を言うのではありません。わざをみる力は**わざ観察力**を意味し、それは指導者が、自分の身体全体のすべての感覚を総動員して、学習者が行う「わざ」の生成状態を「味わう」性格のものだと言えます。すなわち、学習者の動きをみて、よい、悪い、綺麗、汚い、大きい、小さい、どこがよく、どこが悪いのかなどを「感じ取る」といった性格のものだと言うことです。促発指導では、指導者にこのわざ観察力が求められます。

　学習者の動きをみて、「膝が上がっていない」「回転が小さい」「顎が上がっている」と「感じる」ことは、単なる「感じ」ではありません。それは、指導者がそれまでにわざのよさ、悪さを、数多く味わった上で理解できる「**わざの感じ**」です。なお、このときの「わざの感じ」は**身体化**（竹田、1993、p.161）されていて、わざの良否判断の「過程」はほとんど意識に浮かばないものです。しかし、その「感じ」を振り返り、感じを起こさせている要素・要因を対象化することで、学習者のわざの良し悪しの評価の根拠はわかってきます。

想像する力をもつこと

　学習者のわざをみる（視覚的知覚）とき、指導者は必要に応じてみる方向を変えたり、映像を再生する際には再生スピードを調節したりします。言い換えれば、関心に応じてみる機会を増やしていきます。そうして指導者には、いままでみえていなかった「こと」、いままで気づかなかった「こと」が徐々にみえてくるものです。このように、興味関心に応じてあちこちから対象をみていき、そこから、一度にみることのできない対象のよい点や悪い点を少しずつ理解して、知識を増やしていく行為を**観察**（observation）と呼びます（サルトル、1983、pp.12-18）。

　このような観察では、指導者は、自分のもっている諸感覚を総動員させてみることになります。この、諸感覚を総動員させ、いま知覚しているものを味わおうとして働く能力が、**想像力**（imagination）です。

　例えば私たちは、暗闇の階段を昇ろうとするとき、足で階段の位置を探り、手で壁を確認しつつ、一段一段休みながら昇っていきます。こうして階段を探ったり、壁を触ったりするとき、私たちの中には「ここに階段が……」「この辺に壁が……」などと「確認しよう」という、能動的な「内

的活動」が起きています（井上、1996、pp.16-27）。この内的活動は、想像力によるものです。つまり、「この辺りかな？」「このぐらいかな？」と「探る」ようにするときには、想像力が働いているのです。観察は、想像力を働かせることで、いまみているものの問題点を理解しようとする見方です。よって、観察には想像力が不可欠です。想像力が働かなければ、いまみている「もの」が視覚的にみえていても、それが何なのかはわからない、またその「意味」もわからない、ということになります。想像力は、わざの観察には不可欠です。

「見抜く」力であること

「わざ観察力」は、このように、想像力を働かせることによってわざのよさと問題点を「**見抜く**」行為として、指導者に求められるものです。

「見抜く」には、ものごとを「内」からみることが必要です。哲学者ベルクソンによると、内からみることを**直観**（intuitio）と言います。つまり、実際に「やってみて」の「実際の感じ」、全体の感じを感じることが、直観ということになります（澤瀉、1965a、pp.125-126）。

一度もボールを蹴ったことがない（＝直観していない）人は、ボールを蹴る感じがわからないし、言葉にすることもできません。また、ボールを蹴る感じだけでなく、ボールを蹴ることの大変さやむずかしさ、楽しささえも口にすることは決してできません（澤瀉、1987、pp.127-128）。「見抜く」ことは、まさにそうした直観ができて、運動を全的に体験していることを前提としているのです。

学習者のわざをみて、そのよさ、欠点、問題点、修正点を「見抜く」ことができるようになるために、自らわざの世界を体験し、そこから学習者の感覚や意識の世界を知ろうとすることが、指導者には不可欠です。この場合、学習者の意識や感覚に寄り添って取り上げようとする態度（文豪ゲーテが植物や動物などの自然観察をする際に重視した**対象的思惟**：「観察対象に寄り添う態度」）が大切になります（金子、2002a、pp.178-179）。この態度は、可能な限り直観的な態度を取ることを意味しています。わざ観察力は、直観を通して「内から」学習者のわざの問題点、良し悪しを「見抜く力」です。

印象を分析できること

　基本的にこのような指導者の見抜きは、目の前に展開されている学習者のわざ（動き）に対して行われます。もちろん、それは映像や、連続写真、1枚の写真に対しても行われるべきものです。

　この見抜きは、わざを分析することによって可能になっています。それは、単なる無責任な思い込みによる判断ではありません。見抜きの内容は、わざの分析がもとになって出てきた結果です。

　この場合の分析は、学習者のわざをみた指導者の中に生まれる、学習者のわざに関する**印象**（Eindruck）に対して行うものです。印象は、内面に刻印されるものです。哲学者ヒュームによれば、印象は、私たちが何か対象物をみたり聞いたりしたとき、その対象物が人の心に与える「強烈な感じ」であり、「心にはじめて現れる感覚・情念・情動」（泉谷、1996、p.83）です。私たちが学習者の動きをみたとき、私たちの心や意識には、言語化できなくとも「悪くない！」「なんだかよくなってきている」などの感じが出てきます。その「感じ」が印象です。その際、われわれは動きをみて、その動き全体の印象（「軽やかだ」「よい動きだ」「リズムがよくない」など）を感じます。またそれだけでなく、細かな技術的な印象（「フォームが崩れている」「腕の引きつけが甘い」など）も生じてくるものです。

　このような印象（感じ）を技術的に分析することを、**印象分析**（Eindrucksanalyse）と呼びます（マイネル、1981、p.127、pp.452-453；金子、2005b、pp.143-148）。指導者はこの印象分析によって、いまみた学習者のわざの問題点を取り出さなければなりません。わざの見抜きは、印象分析を前提にして可能になっています。

　一般にこの場合の印象は、主観的感情や個人的感覚と考えられていますが、この感覚は**趣味判断**や**感性学的判断**によるものだと理解しておくことが重要です（マイネル、1998、p.31、p.34、p.50）。ただし、ここで言う趣味判断の「趣味」は、「私の趣味は読書だ」と言うときの趣味（hobby）ではなく、「君は趣味がいいね！」と言うときの、感性のよさや価値を見分ける能力という意味の趣味（taste）です。また、感性学的判断とは、「この花の飾り方はこうした方がいいんじゃないか」と言うときのような、主観的感覚を基準にしたものごとの良否判断です。しかし、趣味判断や感性学的判断は、単に私だけの個人的な判断ではなく、他者への要請も含んだ「普

遍的な性質」を有する論理的な判断だ、という認識が重要だということを強調しておきたいと思います。指導者には、わざを観察する際、学習者の動きの良し悪しを豊かに感じ（＝趣味判断、感性学的判断を行い）、技術的に分析できる**印象分析力**が求められます。わざ観察力は結局、この印象分析力を意味します。

（2）信頼される専門的眼力

指導現場において、指導者が「みる」のは学習者の「わざ」です。指導者のこの「みる」（知覚行為）は、対象化的知覚や事物知覚（科学的知覚）ではなく（鯨岡、1986、pp.114-134）、「融合的知覚」あるいは「相貌知覚」という性格のものであるべきです（鯨岡、1986、pp.135-157）。指導者が学習者の動きをみる態度は、「もの」をみるような「事物知覚」的態度であってはなりません。そうではなく、学習者の気分や感情なども含めて、学習者の動きの意識や感覚に理解を寄せて「みる」ことが指導者には求められます。これを融合的知覚、相貌知覚と言います。

こうした指導者の「わざ」を「みる」態度は、科学的立場からすると、それは一個人の見方だと、侮蔑的に理解されることもあります。しかし、人間の感覚や能力はそんなに信頼できない、いい加減なものでしょうか？

芸術の世界や、職人・プロの世界では、長年にわたって真剣に「わざ」を追求してつかんだ感覚は、むしろ信頼できる内容です。学習者のわざを「みる」指導者の眼差しもこれと同じく、指導者がみて感じたことは、個人的で主観的、非科学的だと非難されるようなものではありません。たとえ「**少数派／小数知**」であっても、**鋭い直観**のもち主であるか、あるいは、**厳しい訓練**を積んでその物事に精通していると言えるのならば、その人の感覚や印象分析の結果は信頼できるものだと考えておくことが重要です（早坂、1986、p.35）。

指導者のわざ観察力は、学習者のわざの生成・発展に向けて力をもつ、信頼のおける**専門的眼力**であることが必要です。そのためにも指導者は、わざ観察力の向上に日々努めることを怠ってはなりません。

確認問題

●指導者の観察内容が信頼のおけるものになるためには、どんな条件が必要か、答えなさい。

●また、動きの観察において「みる」ことは、単に事物知覚としての映像把握に止まりません。このことを説明しなさい。

| column |

ゲーテの対象的思考（思惟）

　文豪ゲーテの自然観察の方法論的立場として、対象的思考（思惟）があります。これはライプチッヒ大学の精神医学教授のハインロートによる命名であり、彼によれば、「対象的思考は、人間学の4つの研究法のうちの1つの、調停する立場に相当」します。ゲーテの対象的思考という方法は、観察したものと原理とを理性によって調停して、対象の認識に至る方法です。この思考法によって、自然は可能な限り認識されると言います。すなわち、みることと思考することが同時に行われ、思考する対象と思考とが分かちがたく緊密に絡み合っていることで特徴づけられる方法です（木股、2000、p.85）。つまり、みる対象と一体となる見方だと言えます。

　スポーツの現場において、わざを観察する場合、ゲーテのこの方法論的立場に立つことが重要です。まさに、自らが「わざ」と一体になって「みる」ことが重要なのです。そして、そうした能力を身につけることが、よいわざを評価し、いま一歩のわざの問題点を見抜き、わざの改善点を的確にとらえることを可能にするのだと言えます。

第27講

「わざ」のゲシュタルト的認識

学習内容

　この講では、人間の日常生活の運動も、体育やスポーツで行うわざも、「全体性のもの」（ゲシュタルト）であることを学習します。

　20世紀初頭に台頭したゲシュタルト心理学の中核概念である「ゲシュタルト」概念は、全体構造の性質を意味します。ゲシュタルト心理学は、「知覚は、最初から全体の知覚である」ことを主張し、その全体性の構造や性質を「ゲシュタルト」の言葉（概念）に託しました。このゲシュタルト概念は、「全体は、それを構成している部分の総和とは別物だ」とする点に特殊性があります。ゲシュタルト心理学の一学派である全体性心理学派は、人間の運動に対してもこのゲシュタルト的研究を進めました。そして、人間の運動もゲシュタルト的性質をもつとして「運動ゲシュタルト」の概念を提唱しました。この運動ゲシュタルトの視点（概念）は、運動の指導方法や助言の仕方に大きな影響を及ぼしました。

│ キーワード │

　ゲシュタルト、ゲシュタルト心理学、全体性の知覚、感覚心理学、連合心理学、要素的印象（感じ）、全体の性質、機能運動学、ゲシュタルト法則、強ゲシュタルト、弱ゲシュタルト、運動ゲシュタルト、全体性心理学、クレム、調和的な体験、ゲシュタルト的認識

（1）ゲシュタルト心理学の台頭

ゲシュタルト概念の登場

———

　わざの指導において、**ゲシュタルト**の視点は不可欠です。では、この「ゲシュタルト」という聞き慣れない言葉は、一体何を意味しているのでしょうか？　ゲシュタルトはまとまり、構造、かたちを意味するドイツ語です（Gestaltというドイツ語の基本的な意味：Figure［図形］、Shape［形］、Configuration［輪郭］、Pattern［型］、Form［形態］）。この言葉に特別な意味内容を担わせて、20世紀初頭に**ゲシュタルト心理学**が生まれました。ゲシュタルト心理学は、**全体性の知覚**を説明するときの、**感覚心理学**や**連合心理学**などの考え方（説明の仕方）への批判、反発として生まれました。ゲシュタルトは、そうしたゲシュタルト心理学の中核概念です（Buytendijk, 1956, p.31）。

　ゲシュタルト心理学が生まれるまでは、全体性の知覚を説明するためには、機械論的立場に立って要素的な印象を仮定し、その**要素的印象**（感じ）の組合せ、総合、連合といった概念を用いるのが一般的でした。すなわち、感覚心理学や連合心理学などでは、感じ取った要素的印象に「悟性（さまざまな印象を統合して認識をもたらす能力、あるいは、その対象が何なのかを理解する力のこと）」が関与して、全体の意味（全体性の知覚）を与えている、と説明されていました。このような考え方、説明の仕方、あるいは、知覚のしくみのとらえ方に対して、ゲシュタルト心理学は真っ向から反対したのです。

　ゲシュタルト心理学は、私たちが知覚する場合、それは最初から全体を知覚しているのであって、部分や要素を１つ１つ知覚したあとに全体を構成しているのではない、ということを主張しました。そして、こうした主張の根拠としたのが「ゲシュタルト」概念だったのです。

　ゲシュタルトは、「全体を構成している個々の要素の総和からは説明できない、移調可能性をもった（分節的）全体」や「形態、構造、まとまり」を意味します（移調可能性とは、「要素が変わっても、それを構成する要素間の関係が保たれていれば、全体のまとまり自体は維持される」という性質のことです。例えば、音楽のメロディで言えば、「移調しても、メロディを構成する要素間の関係が保たれていれば、そのメロディ自体は維持される」といった性質を指します）。ゲシュタルトとしての「全体」は、最初から「**全体の性質**」をもつのであって、それは、「部分の性質を寄せ集めた結果の性質」とは異なることを主張したのです。

ボイテンディクは、彼自身が提唱した「**機能運動学**（funktionelle Bewegungslehre）」を論じる中で、ゲシュタルトにおける全体と部分の関係について、次のように説明しています。

　・・・全体は部分を規定し、そのとき部分は全体に対して機能しているのである。このことは部分は・・・全体のゲシュタルトの意味を規定することを意味する。例えば、顔をスケッチ風に描くときに、口元の表現が明るかったり悲しかったりすると、それが目の表現にも影響を与え、結局、顔全体の質的印象までも変えてしまうのである。（Buytendijk, 1956, p.32）

ゲシュタルト法則

ボイテンディクは、ゲシュタルト問題を論じる中で、マッタイの研究に基づき、以下の**ゲシュタルト法則**を説明しています（Buytendijk, 1956, pp.33-34）。

- 全体性の優位：人間が、ものをみたり聞いたりするような場合、最初から全体が知覚されている。
- 全体と部分の相互規定：知覚は、全体が部分に働きかけるように、また、部分が全体に影響を及ぼすようにして生じている。
- 優位的部分の存在：何かを知覚するとき、そこにはそれが何であるかを特徴づけているような部分が存在する。
- 組織の強さによる区別：知覚しているもの（全体）が、安定してはっきりしているもの（「**強ゲシュタルト**」）と、安定しないもの（「**弱ゲシュタルト**」）がある。
- 明瞭性の法則：何かを知覚するとき、「明確なもの」が基準になっている。

　また、その他のゲシュタルト法則としてよく挙げられるものに、近接の法則、類似の法則、閉鎖の法則、良い曲線の法則および共通運命の法則などがあります（図27-1参照）。

　これらはそれぞれ、図形をみる場合の、ぱっとみて距離的に近くにあるものをまとめる見方（近接）、似たようなものをまとめようとする見方（類似）、開放と閉鎖をそれぞれ分けてみる見方（閉鎖）、まとまり具合をそれ

図27-1 その他のゲシュタルト法則（カッツ、1962、pp.35-36）

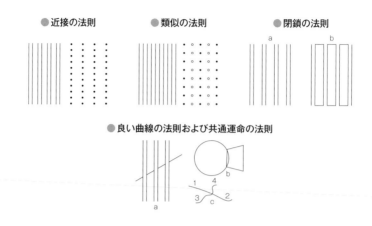

● 近接の法則　● 類似の法則　● 閉鎖の法則

● 良い曲線の法則および共通運命の法則

それ分けて、それを優先させてみる見方（良い曲線、共通運命）といった法則です。

　こうした法則をもち出すことで、「私たちの知覚体験は最初から全体の知覚である」ということを説明できます。ゲシュタルト心理学の主張は、全体性のものを部分に分けて考えようとすると全く違う性質のものになる、という警鐘だったと言えます。

（2）運動に対するゲシュタルト的見方

運動ゲシュタルトという概念の誕生

　このように、20世紀初頭の知覚理論や、知覚の説明に対する批判的反動として生まれたゲシュタルト心理学でしたが、そこでの考え方や概念は心理学領域に止まらず、いろいろな分野や領域に影響を与えました。そうした流れの中で、体育や運動の世界にもこうした考え方がもち込まれて、**運動ゲシュタルト**（Bewegungsgestalt）の概念が生まれたのです（Buytendijk, 1956, pp.41-43）。

　ゲシュタルト概念を中核とした心理学の学派として「ゲシュタルト心理学」（ベルリン学派）がありますが、実際にはさらに、「**全体性心理学**」

(Ganzheitspsychologie) と呼ばれる学派（ライプチッヒ学派）もありました。この全体性心理学派は、ゲシュタルト心理学の立場から人間の運動の研究を推進しました。

　全体性心理学派の学者**クレム**は、人間の運動は分解できない全体性の性質をもっているとして、「運動ゲシュタルト」という概念を提唱しました。クレムはこの運動ゲシュタルトの概念を、「相互に作用し合う、分節によって形成される、全体としての身体の行為」と定義しました（Klemm, 1938, p.389）。要するに、人間の「何かをしよう」としてする動きは、「部分に細切れにできない、緊密な全体構造をもった、有意味な運動経過」（金子、1987、p.118）であり、調和的に構造化された全体として発生する、という認識です。全体性心理学派は、知覚と同様に、人間の運動も全体が基準になって発生するものだということから、人間の運動に対してもゲシュタルトの見方が成立する（「身体運動はゲシュタルトである」＝運動ゲシュタルト）ということを主張しました。こうしたことが根拠になって、人間の運動にゲシュタルト（運動ゲシュタルト）の見方が成立することが、全体性心理学から主張されたのです。

ライプチッヒ学派による運動ゲシュタルト研究

　人間の運動の全体的性質の解明を目指した運動ゲシュタルトに関する研究は、全体性心理学者のクレムの下で、人間の運動や体育的運動を対象として推し進められました（フォイクト、シュティンペル、エーザー、シュテーガーらの研究が挙げられます：Buytendijk, 1956, pp.198-202）。フォイクトの研究は幅跳び、シュティンペルの研究はボール投げ、エーザーの研究はやり投げ、シュテーガーの研究は円盤投げを取り上げたものです。これらの研究は、被験者に試技を行わせ、そこからいろいろなデータ（運動の速度、加速度、軌跡、運動実施の仕方のフィルム撮影、運動実施時に感じた内容や主観的感情に関する報告の分析資料）を取り出し考察する、というものでした（佐野、1998a、pp.81-82）。

　その結果、被験者は運動の達成を1つのまとまりとして体験していること、運動がうまくいったときには**調和的な体験**（よい感じ）が強くなったこと、足や手などの部分的な動きに気をとられると滑らかな動きが乱れること、力の発揮は運動全体と結びついていること、などが結論として導き出されました。

（3）指導法への影響

ゲシュタルト的な考え方による指導法

———

　以上のような研究を通して、全体性心理学派は、運動の練習の仕方や指導方法にもゲシュタルト的な考え方を示しました。それは、「全体運動の練習は、部分的な動きの『習得』に対して優先されなければならない」というものです（Buytendijk, 1956, p.202）。

　この全体的な視点の重要さは、楽器演奏の技術練習の仕方においてすでに指摘されていました。例えば、ブライトハウプトによれば、19世紀まで支配的であったピアノ演奏の技術観や指導方法では、指の運動だけに目が向けられていて、その他の前腕、上腕、肩などの身体の部分の動きは無視されていました。また、莫大な量を練習すれば技術が身につく、と信じられていたことをブライトハウプトは指摘しています（解説27-1）。

解説27-1	**20世紀初頭のピアノの技術練習に関する新しい考え方の台頭** （木村、1989、pp.177-180）

●19世紀まで支配的だったピアノ演奏技術観や方法論的基礎
　　→巨匠や天才といわれる演奏家の技術は、教えることも学ぶこともできない。
　　→器用で巧みな指の動き、技術は、指の関節に宿っている。
　　→指の関節を支点とする、てこ運動によって、技術を解明しようとし、前腕、上腕、肩などの身体部分の動きは、無視する（行儀よい演奏）。
　　→肩、上腕、前腕、手首の関節を固定して、指だけ動かすのを、よしとする（→指の技術だけを重んじた）。
●(20世紀初頭の）ピアノの技術練習に対するブラウトハウプトの指摘
　　彼ら（19世紀の理論家達）は、莫大な量を練習すれば、技術をつくることができるのだと信じていたことにおいて間違っている。・・・練習を演奏的にこなすためには腕、手、指を正しく用いることにのみ、つまり、合目的的で疲れない軽快な運動にのみ依存する、ということを見過ごしている。（木村、1989、p.179）

こうした例を引き合いに出し、ブラウトハウプトは、合目的的なよい動きになるためには、その活動や運動、行為の目的が正しく意識されていること（この意識によって運動の全体発生、すなわち、ゲシュタルト発生が引き起こされる）が重要であることを強調していました。このようなブラウトハウプトの指摘は、体育スポーツの技術練習の方法にも当てはまるものです。

運動ゲシュタルトをみる＝「わざ」をみる

———

わざの指導では、指導者は学習者の動きをみます。このとき指導者は、その動きがまとまりのあるゲシュタルト（運動ゲシュタルト）だ、という認識（**ゲシュタルト的認識**）をもつことが必要です（金子、1987、pp.117-119）。そしてその上で、手足などの部分的な動作をみていたとしても、指導者はその動きに「わざ」的意味を見出すことが重要です。なぜなら、わざは全体的構造、すなわち、ゲシュタルトの視点で理解されるものであるからです。わざの促発指導では、指導者に、学習者の動きを「わざ」として、全体（ゲシュタルト）の視点でみることのできる能力が求められます。

確認問題

●「ゲシュタルト」とは何か、説明しなさい。
●また、促発指導において、運動をみることは、ゲシュタルトとしてみることを意味しますが、それはどういうことか、具体例を挙げて説明しなさい。

| column |

全体練習と部分練習

———

　全体性心理学のライプチッヒ学派は「部分運動よりも、全体運動を優先させるべき」という考え方を、運動指導の提言で主張しました。これは、例えば、「膝を伸ばす」「ボールを〇度の方向に蹴る」といった部分的なことよりも、「け上がりをしよう」「あそこまで正確にボールを蹴ろう」といったわざの達成像（全体像、目標）をイメージする（できる）ことを優先させるべき、といった意味の指摘です。また、そうした目標像や達成像をもたずに、ただ単なる手足の部分的動作をドリル的に練習すべきではない、という主張です。現場の練習方法の工夫では、この観点は忘れるべきではないでしょう。

第28講

わざの「時−空間」認識

学習内容

　この講では、わざを行うときに「私」が感じ、意識する時間と空間は、身体知として機能している生命的「時−空間」であることを学習します。

　私たちはわざをするとき、時間と空間を意識します。例えば、体操競技選手が高度で複雑な「技」を行うとき、時間（さっき、いま、もう少し後で）と空間（そこ、あそこ、ここ）をどうとらえるかが重要になります。ただ、このときの時間と空間は、私たちが日常生活でごく普通に取り上げる時計時間や、物差しで測る物理空間（絶対時間、絶対空間）とは、次元を異にするものです。また、長く感じたとか、広く感じたなどの心理学的な時間や空間とも違います。それは、「いま自分が生きている」ことが基準となって成立する、生命的な時間と空間です。この生命的な「時−空間」で、身体知が機能するのです。指導者は、「学習者が行うわざの時間や空間は、身体知が機能する生命的時空系の時間と空間だ」という認識をもつことが必要です。

｜ キーワード ｜

　体験時空系、絶対ゼロ点、身体知的な「感じ」、物理学的時間、物理学的空間、心理学的時間、心理学的空間、生命的時間、生命的空間、右、左、側性、生命的差異性、定常的体験、遠位空間、近位空間、競技空間、天地空間、身体空間、わざの生成、力動要因

（1）体験の基準点―絶対ゼロ点

　時間と空間、あるいは、時空系などというと、きわめて固い内容がイメージされるかもしれません。しかし、ここでの内容は、私たち人間がごく普通に体験していることから考えていくことができます。時間や空間は、そもそも体験するものであるという「体験する立場」を徹底させて考えていくと、私たちが普通だと思っている物理学的あるいは数学的な時間や空間がすべてではないことに気づきます。以下、このような立場から、時間と空間の問題を考えてみようと思います。

　まず、人間が体験し、感じる時間と空間（**体験時空系**：佐野、1996、p.21）の「基準」について、確認しておきましょう。運動する人にとって、体験する空間を「前」や「後ろ」、時間の「さっき」と「これから」などと感じる場合には、何か基準があるはずです。その基準とは、「いま、ここ」にいる「私」や「私の身体」です。その「私」や「私の身体」を、体験の基準となる点として、現象学では**絶対ゼロ点**と呼びます（金子、2005a、p.306）。スポーツ運動学でも、この考え方や呼び方が採用されます。

　スポーツ運動学では、空間の「前後」「左右」「上下」、時間の「いま」「さっき」「これから」が、絶対ゼロ点である「私」や「私の身体」に「感じ」として生じてくる点を重視します。すなわち、このときの時間や空間の「感じ」は、「私」にとっての意味と価値としての「感じ」なのです。しかも、それは**身体知的な**「感じ」として「私」や「私の身体」に現れてきます。具体的にはどういうことなのか、ここから順に考えていきましょう。

（2）生命的時間、生命的空間

　ここでは、ボイテンディクの『Allgemeine Theorie der menschlichen Haltung und Bewegung（人間の姿勢と運動の一般理論）』のA章Ⅳ「運動空間と運動時間」の内容をもとに考えていきます（Buytendijk, 1956, pp.43-57）。

　今日の私たちにとって、通常、時間や空間は、**物理学的時間**や**物理学的空間**のことです。時間は時計をみて5時30分だと言い、距離（空間）も「ここからそこまで2m」と言って、いずれも数値的に理解します。このような理解の仕方は、今日の私たちの、時間と空間の一般的な理解の仕方でしょ

う。そしてこのような場合、そこに出てくる数値は客観的で、科学的に「正しい」と認識されます。

　また、私たちは、**心理学的時間**や**心理学的空間**についてもよく話題にします。これは、私たちが直接体験したり、経験したりしたときに感じる時間、空間です。「1時間が長く感じた」（時間）とか、「ここから君がいるところまで（2m）、遠く感じた」（空間）などです。その基準は、通常、物理学的時間、物理的空間であり、私たちはそれらを基準として自らが感じたことを言葉にしているのです。「長い」や「遠い」は、客観的事態の心的反映、感情的反映であり、その基準はあくまで物理的時間、物理的空間です。

　しかし私たちは、さらに、生命的時空系の時間や空間、すなわち、ボイテンディクが指摘した**生命的時間**、**生命的空間**の中でも行動しています。時間は通常、物理学的に過去から未来へと流れていくと考えられます（心理学的に言えば、さっき→いま→これから）。しかし、「いま生きている」私たちは、自分が（暗黙の内に感じている）「いま生きている」という事態を起点として、この時間の流れを感じて（自己化）いるのです。

　客観的に言って、これまで過ぎ去った10年はもう帰ってこない（物理学的）、昔の懐かしい（心理学的）ことです。しかし、私たちが「いま生きている」中では、「いま」のこの時間は、自分に自身の存在（生命的であること）を自覚させている「時間」です。その「いま」という時間は、「私」の中では、さっきやもうだいぶ前、さらにはこれから、また未来の自分へといったように、過去にも未来にも広がっている「（生命的）時間」です。例えば、鉄棒の逆上がりを行っている「いま」の感じは、（うまくいかなかった）「さっき」の感じとの関係をもって受け止められているとともに、（次はもっとよい感じでやろうという）「これから」の実施とも繋がりをもっているのです。生命的な「空間」も同じです。「私」がいまいる「ここ」は、私が「生きている」（生命的）ことを自覚できる「ここ」です。「私」にとって「そこ（『ここ』ではない別の場所）」は、「私」という（いま生きている）自己を自覚している「ここ」の中にあるのです。

　生命的な時間や空間とは、「『私』が自覚する、いま生きている自分（自己）の『存在』と関わる、意味と価値の時間、空間」です。スポーツにおいて働く身体知は、この生命的な時間、生命的な空間を、わざ的視点から構造化させる知（能力）だと言えます。

（3）右と左

　生命的な「時－空間」について、より具体的に考えていきましょう。私たちの運動や行為において、「**右**」や「**左**」とは何なのでしょうか？　「（指差しをしながら）こっちが右で、こっちが左！」「お箸をもつ方が右！」とは、よくされる説明です。また、右利き、左ハンドル、サウスポーなど、左右の違いや特徴を取り上げた表現もあります。しかし、そうした右、左という言葉を使って区別する理由はどこにあるのでしょうか？　右や左は、誰にとっての問題なのでしょうか？

　人間には右と左の感覚が区別でき、その感覚は、自分の行動や行為に影響を与えるものです。スポーツ運動でも、右と左の感覚は、パフォーマンスや力の発揮に大きく影響します。例えば、サッカーの試合で、ある状況において右足で蹴るのか左足で蹴るのかは、パスが通るか否かに影響します。バレーボールでも、得意の右腕ではなく、やりにくい左腕でボールをアタックしてしまうと得点獲得がむずかしくなります。さらに、体操競技の技において、右ひねりをするのか左ひねりをするのかは、ダイナミックな技ができるかどうかと大いに関係があります。

　スポーツの運動において、右腕や左腕、右足や左足、右方向や左方向といったことは、決して小さな問題ではありません。スポーツでは、右や左、また利き手などといった人間の一方の側の機能的優先（**側性**〈そくせい〉：フェッツ、1979、pp.214-234）が、わざの良し悪しやプレーの実現に大きく関わっています。右と左は、スポーツの動きにとって「命」とも言える要素です。

　人間にとって、右の感覚と意識は、右目、右耳、右頬、右の腰骨、右足、右足の小指等々の身体部分だけでなく、その人にとっての右の空間すべてにまで波及します。そして、その感覚と意識が、わざやプレーの出来・不出来に影響を及ぼすのです。「右なら『できる』けど、左だとうまく『できない』……」など、右や左の感覚は、わざやプレーに大きな影響を及ぼす要因になっています。巧みなわざや豪快なプレーをもたらす身体知は、こうした右や左の感覚と密接に関係しています。

　このように、右と左は「こっち」や「あっち」という、単なる区別ではありません。それは、生存と関わる**生命的差異性**として、人間の身体知の機能（できる、できない、わかる、わからないなど）を根底で支える要素です。さらに言うならば、「右」と「左」は、人間（実存）が「前」を基準とした

感情として意識し感じる、意味と価値の両側（左右）であるとともに、この右と左の関係は運動の基礎になっているのです（Buytendijk, 1956, p.47）。

（4）定常的体験─近位空間、遠位空間、競技空間

　私たちは、「もの」を知覚するとき、その形と大きさを、知覚した感覚と意味のままに受け止めています（「生命空間と大きさと形の定常性」）。それは、私たちが生命的な次元の空間を経験している、ということを意味しています。

　みる行為で考えてみましょう。私たちがものを「みる」とき、確かに「〜をみている」「〜がみえている」という感覚状態や意識状態になります（この段階では物理学的、光学的説明、また心理学的説明が可能です）。例えば、みている人やものが（いまの）近いところから遠くに移動する場合を考えてみます。このとき、人やものはだんだんと小さくみえていくにも関わらず（網膜上には、小さな像が写っているはずです）、私たちは、その人やものの「存在」が本当に小さくなった、縮んだ、などとは思わないでしょう。みている「私」の中では、その人やものの意味や大きさは、私たちが最初に知覚したまま維持されていると言え、こうしたことを**定常的体験**と呼びます。生命的な空間は、「私」の中でその意味と価値と存在が維持される空間なのです。

　例えば、野球で外野を守っている野手が、打者が打ったフライを捕球するとき、野手からみれば、ホームベース付近の打者は遠くにいて小さくみえます。その打者がフライを打つと、野手は、ホームベース付近の小さくみえたボール（**遠位空間**）が、みるみるうちにこちらに向かってくるのを認識します。このとき、網膜上では、ボールの像が次第に大きくなってくるでしょう。野手は、ボールがだんだんと「近く」に向かってくる（**近位空間**）ことを体験しますが、しかしボールが実際に大きくなってきたとは思わないのです。あくまで、それまでに知っている大きさのボールが、そのままの大きさで「近づいてくる」ことを体験するだけです。つまりこの体験では、ボールとこの空間は、「生きている私」が感じている「存在」に関係づけられていると言えます（生命的空間）。そして、この生命的空間は同時に、運動空間（**競技空間**）になっています。そのときの空間は、パフォーマンスと関係した、身体知が機能する空間になっています。

199

（5）天地空間、身体空間

　通常、私たちは、自分の運動に関わる上下や前後、左右などの運動面や、上下方向や前方後方などの運動方向を、地球上の重力圏にある物理空間を前提に考えます。そして、この物理空間を**天地空間**で取り上げるのです（金子、2007、pp.178-180）。空間を入れ物と考えれば、確かに物理空間です。しかしその空間を、「私が」運動する「場」とみるときには、その空間は、私にとっての生命的（な運動）空間になります。この生命的空間は、人間にとって、逆さあるいは逆位姿勢になっても、上は上、下は下である、つまり、人間の通常の感覚に混乱を起こさない空間（天地空間）です。重力が働いていることを前提として、そこにいる人間にとって空間的に上は上、下は下の感覚が結びついているのです。このように、物理空間をその中にいる人間の感覚と結びつけて考える場合、その空間を天地空間と呼びます。

　人間は、この天地空間を前提とする一方、その中で、自分の身体の状態を基準に、上下左右などの方向を決めることもします（**身体空間**）。そのときには、「頭」の方が「上」で、「足」の方が「下」、「目」の方が「前」といった感覚や意識になります。

　このような天地空間と身体空間の関係構造から、運動に必要な感覚が生まれてきます。それはすなわち、上下、前後、左右などの感覚であり、わざを行うときに重要になる身体知の感覚です。例えば、倒立ができるためには、逆さの身体状態でも混乱しない「上下」「前後」の感覚（身体知の感覚）が必要になります。すでに述べたように、身体空間を基準にした場合は、私たちは「前（方）」を「目」の方、あるいはお腹の方向として意識しています。しかし、倒立をしたときには、天地空間を基準とし、「前（方）」は背中の方向として意識できることが必要です。つまり、倒立して「前」に歩こうとしたとき、背中方向に移動できる、ということです。このときに、「前」をお腹方向で意識してしまうと、倒立感覚に混乱が生じてしまい、倒立という技自体をうまくイメージできなくなってしまいます。倒立ができるためには、少なくとも、こうした上下、前後の感覚が混乱しない身体知の感覚が必要です（金子、1974、p.187）。

（6）生命的な力動要因

　わざの**生成**には、こうした身体知としての生命的な時間や空間の要因だけでなく、「スピード」「勢い」「リズム」などの、**力動要因**の関わりが不可欠です。それらも時間と空間の要因と同様に、生命的次元にある身体知要因です。つまり、それらは、わざ遂行時に絶対ゼロ点から取り上げる、「私が気をつける」「私が意識する」「私が強調する」スピードであり、勢いであり、リズムなのです。

確認問題

● 生命的時間と物理的時間の違いを説明しなさい。
● また、身体知と生命的時空系の関係について、具体例を挙げて説明しなさい。

| column |

「できる感じ」が気になること─わざ追求の起点

　よいプレーや技ができたとき、うまくいっているときは「よい感じ」として、私たちはその感じと向き合います。一方、左右の方向感覚や遠近の感じ、上下の感覚、力の入り方など、少しでもいつもとの違いを感じたり、混乱したりするような場合は「ちょっと違う感じ」や「いつもと違う感じ」が気になります。このよい感じを受け入れ、あまりよくないといった意味で「気になる感じ」に敏感になることは、創発における洗練化身体知が機能していることを意味しています（洗練化身体知については第10講を参照）。「感じ」が気になることは、わざの習熟、わざの質の向上にとって重要な要因です。

第29講
わざの巧拙評価
こうせつ

学習内容

　この講では、運動の指導現場においてごく自然に行われている
「よい」「悪い」といったわざ（動き）に対する評価は、「何」に向
けられるべきか、について学習します。

　私たちが普段行っているわざの評価（例えば、よいとか悪い）には、
客観的評価と主観的評価があります。客観的評価では、わざとし
ての動きの特徴が数値を用いて量的に評価されます。他方、主観
的評価では、直接みた際の感じが直接、質的に評価されます。こ
うした量と質の問題は、それが方法論的な議論になると、量は客
観的で科学的であるのに対し、質は主観的で非科学的であるとい
う対比的議論になりがちです。しかし、わざの巧拙を評価する場
合、そうした対比的議論に陥ることは避けるべきです。その上で、
わざの巧拙を評価する際には、外的な運動形態の客観的評価をす
るだけでなく、運動者の「感覚質」あるいは「動感」に目を向け、
その良し悪しをこそ、わざの巧拙の論理的根拠とすることが重要
です。

|キーワード|

　わざの巧拙の評価、客観的評価、量的把握、質的把握、主観的
評価、ヘーゲル、量と質の関係、弁証法、ベルクソン、印象的特
徴、動きかたの質、感覚質、動感質、促発指導の場面、学習者本
人の感覚世界、動感、形態的感覚

（1）わざの客観的評価と主観的評価

わざの巧拙評価

———

　運動現場では、学習者は自らのわざとしての動きやプレーの状態について、それがよいと言えるのかどうか気になるでしょう。他方、学習者を指導する指導者も、学習者の動きのどこがよく、どこが悪いのかをみようとします。このようなとき、学習者も指導者も、すでに「**わざの巧拙の評価**」に意識が向いている状態になっています。

評価の根拠

———

　わざの良し悪しを評価するとき、一般に、客観的な基準や主観的な基準がもち出されます。測定・計測され記録された、何秒、何mなどの数値でその良し悪しが判断される場合、この数値は「客観的な基準」です。このような客観的な基準で評価される場合は、**客観的評価**と呼べます。これはわざとしての動きかたの特徴を、測定値、達成度の数値等（動きの「**量的把握**」）でみていき、それを根拠にしてわざの良し悪しを評価する方法です。他方、自分の実際の動きから「感じたこと」や、人の動きを「みて気づいたり、感じたりしたこと」（わざの「**質的把握**」）を基準に、それを根拠として評価する場合、それは**主観的評価**と言えます。

評価における「量」（客観）－「質」（主観）の対比的議論

———

　「客観的評価」と「主観的評価」は、「客観的－主観的（感覚的）」、「一般的－個人的」、「科学的－非科学的」、「正しい－正しくない」などの対比的な構図に置き換えられて、信頼性の問題にされてしまうことがあります。つまり、主観的・感覚的なことは個人的であり、一般には当てにならないと考えられてしまうのです。確かに、個人が感じたことは、その個人の感じです。それは、間違いだとは言えないものの、科学的で客観的な問題解明のための根拠としては弱い、と考えられてしまいがちです。

　実験で確認したり、数値をもち出したりして行う「量的把握」による評価は、客観的なエビデンスを背景にしていることで、一般に正しい評価だと考えられています。それに対して「質的把握」による、主観的な感覚や感じを根拠とした個人的な評価は、基準が曖昧で、科学的でなく、影響力をもたないと考えられるのが一般的です。このような考え方がもとになり、「客観」（測定「数値」：量）と「主観」（感じ：質）の対比構図が生まれてきます。

（2）量と質の関係

量と質の弁証法的関係

　しかし、この量と質の関係は、別の角度からみることもできます。

　哲学者ヘーゲルは、量と質の関係を、弁証法の関係として説明しています（鰺坂、1982、pp.54-60）。簡単に言うならば弁証法の関係とは、「漸次の『量の変化』は、限度内では『質の変化』を起こさないが、限度を超えると質的な変化を起こす。ただし、限度内でも、質的変化の準備は進行している」という考え方です。すなわち、量の変化は質の変化を起こすが、ある範囲内では、量的な変化があっても質的な変化は起こらない、という関係です。例えば、水は液体（質）ですが、沸点（温度の量的変化）で気体（質）に、氷点（量的変化）で固体に変わる（質的変化）、というような関係を言います。また、２kg（量）の荷物をもつときは身体の体勢（質）に変化は起きませんが、20kgを超えるような重さの荷物をもつときには（重量の変化）その体勢が崩れたりよろけたりする（質的変化）、といったことも、この弁証法の関係として説明できます。量と質の間は、このように相互に影響を及ぼし合う関係でもあります。

「質」独自の問題

　では、質は量に変換して考えることができるでしょうか？　ここでは、ピンで手の甲を突いてみて、少しずつそのピンを突き刺すようにしてみるという、哲学者ベルクソンが挙げた例で考えてみましょう。最初、私たちは手に「むずがゆい感じ」を覚えますが、針が深く突き刺さるようにして

いくとその感じが変わっていき、最後には「強い痛みが周囲にパッと広がる感じ」というように、「痛さ」は質的にどんどんと変化していきます。つまりこの場合、針の突き刺す距離（量）に応じて、その「痛さ」の感覚（質）は変わっているのです。こうした場合、私たちは、感覚（質）を数値（量）に変換して考えようとすることが多いと言えます。しかし、この質を不用意に量に変換して、その質のことを解釈することには慎重であるべきだと、ベルクソンは警鐘を鳴らしています（ベルクソン、2001、p.57-58）。なぜなら、針の突き刺す距離（量）に応じて「痛さ」の感覚（質）が変わるとしても、そのときの「痛さ」の感覚（質）は感じる人によって異なるなど、量＝質と単純に変換できるものではないからです。感覚（質）は、量のように数値で表せるような大きさや小ささではないですし、また、誰にとっても等しい意味・価値をもつものでもなく、「それを感じる本人にとってどうか」といった視点を抜きにしては考えられないものなのです。

　このベルクソンの「質」（感覚）重視の見方をわざの巧拙の評価の仕方に転用して考えてみると、わざの評価の視点は、客観的にみることができる動きかた（量）というより、運動する本人がその動きかたで感じている感覚や意識（質）に置くべき、といったことが示唆されます。

（3）指導者の巧拙評価と学習者が感じているわざの「感じ」

動きかたの形態変容～みる人の問題か、する人の問題か～

———

　わざは、正しい練習の仕方を続けていると、だんだんとできるようになってきます。つまりそれは、動きかたが変わり（形態変容）、動きかたの質がよくなることを意味しています。このときに言われる「質」の内容は、その動きかたをみる人が感じる**印象的特徴**（バランスがよい、安定しているなど）です。通常、この印象的特徴がわざとしての**動きかたの質**の問題になっています。

　このようなときに取り上げる、「動きかたの質」変容は、わざをする当の本人が内的に感じている「動きの感じ」（**感覚質**、**動感質**）の問題ではなく、動きをみる人の中に現れてくる「良し悪しの感じ」の問題であると言えます。

動きかたの感じの変容〜形態的感覚の変化〜

———

　しかし、学習者の動きかたの向上を目指す**促発指導の場面**では、その巧拙の状態を、単に外的な「姿」や「形態」、また、前述したその運動をみる人が取り上げる「動きかたの質」だけで理解しようとするのでは不十分です。前述のベルクソンの警鐘から考えれば、「それを感じる本人にとってどうか」を重視すべき、すなわち「わざを行う本人の感覚や意識（質）に評価の視点を置くべき」と言えます。

　わざの促発指導では、ある動きかた（運動形態）をそのように出現させている、**学習者本人の感覚世界**に目を向けることが不可欠です。つまり、よい動きやそうでない動きは、学習者本人の意識や「感じ」、あるいは、**動感**（金子、2005a、p.305）によって生じている、と考えることが重要です。学習者の動きかたは、その形態の生成を左右する学習者の中の動感から起きている、ということです。動感とは、対象となるわざの形態との関係をもつ感覚のことを言います（本講コラム参照）。その点を強調した場合、動感はわざ感覚、あるいは**形態的感覚**と呼ぶことができます。

　この形態的感覚を求めて、例えば、逆上がりがまだできない子は、鉄棒の握り方、足の振り上げ方等々の感覚を練習で試します。そうしたときには、その子どもは自分の感覚世界の中で、「逆上がりと呼ばれる、特徴的な運動形態を有するわざ」と向き合っているのです。

　このようにして練習している子の感覚世界は、まだできない段階、やり方が少しわかってきた段階など、段階が進んでいくにしたがって変化していきます。すなわち、目指す動きに関わる感じや、意識すべきことの内容（形態的感覚）が少しずつ変わっていくのです。このような変化を背景に、望ましい外的な運動形態（動きかた）が徐々に形作られていき、わざが成立するのです。

　わざの促発指導において、その良し悪しは通常、外的な形態や姿、フォームの問題として、他者的に取り上げられるものです。しかし、わざの巧拙を生じさせているのは、その動きかたをめぐる学習者の全的な感覚（動感、形態的感覚、コツ）です。人間が行うスポーツの「わざ」の巧拙の評価は、本質的に、学習者のそうした全的な感覚の良否を問うことでなければなりません。

確認問題

● ヘーゲルが指摘した、量と質の間にある弁証法の関係について、具体例を挙げて説明しなさい。

● また、わざの巧拙（外的な形態）は、学習者の感覚世界（形態的感覚）の状態に影響されることについて説明しなさい。

| column |

動感とは何か？

スポーツ運動学において、「動感」は重要な中核概念です。金子は、この動感について次のように説明しています。

> ・・・キネステーゼという哲学の専門語を使わずに、未来や過去を私の現在に架橋できる〈動ける感じ〉の時間性を表すのに、〈動感〉という日本語に託すことにした。（金子、2005a、p.305）

すなわち、動感は、「キネステーゼ（運動感覚）」（現象学）を意味するスポーツ運動学用語だ、ということです。キネステーゼ（運動感覚）は現象学者フッサールの造語ですが、普通の運動感覚を意味するのではなく、特殊な意味をもたせていると彼は述べています。キネステーゼは確かに、動く感じ（運動感覚）と言えるのですが、それは、われわれが意識内において空間（物）構成を「全的」に成立させることを可能にしている、主体の動的機能としての「感じ」だと言えます。空間（もの）が自分にとって、意味のある存在として意識（構成）されるために、キネステーゼ（動く感じや、私はできるという能力意識）が必要だということです。これにならえば、キネステーゼの意味での動感は、「わざ」というものがどんなものなのかを、私に「全的」に了解させる要素（動きの感じ）だと言えます。

第30講

わざの意味と価値

学習内容

　この講では、スポーツにおけるわざ（技やプレー）の良し悪しを
分析するためには、種目がもつ固有の意味と価値の観点での分析
が不可欠であることを学習します。

　スポーツの運動は、「物理運動」的な側面から考えることがで
きます。しかし他方で、スポーツをする人にとってその動きは「わ
ざ」として認識されています。つまり、この「わざ」の良し悪し
は、個々のスポーツ種目がもつ、固有の意味と価値の観点から述
べられることになります。したがって、種目における1つ1つの
動作の意味（目的性、機能性、関係性）や、どう動くことがよいのか
といった価値は、その種目の体験的了解を前提としてはじめてわ
かるものです。

｜キーワード｜

　対象身体による運動、意味と価値、意味、わざの意味、ボイテ
ンディク、機能運動学、機能、機能的事態、行動、過程的事態、
機能的な見方、価値、値打ち、よい、悪い、価値的視点、クリス
ティアン、行為の価値意識、フッサール、価値覚、価値的感覚、
わざの理想像、理想的なわざ、価値的像、魅力的なわざ

（1）スポーツ種目におけるわざの視点〜意味と価値〜

競技種目によって異なるわざの考え方

———

　スポーツの測定競技、評定競技、判定競技という種目特性の違い（第2講参照）は、それぞれのスポーツ種目に関わる人（選手や指導者など）の運動やプレー、わざに対する考え方にも反映されています。

　例えば、評定競技の体操競技を専門とする人には、評定競技特有の見方があるはずです。また、わざとしての動きかたの考え方も、測定競技（陸上競技や競泳など）や判定競技（球技や武道など）の世界にいる人のそれとは違うものです。もちろん、同じ競技領域内でも、例えば陸上競技と競泳でのよい動きかたの考えは同じとは言えません。また、同じ陸上競技といっても、トラック種目（短距離走や中長距離走など）とフィールド種目（走り高跳びや砲丸投げなど）では、技術や体力の考え方に違いがあります。さらには、同じ武道系種目である柔道と剣道でも、技の考え方に違いがあります。

　このような違いは、スポーツの運動やわざを体力要素との関係からみる考え方と、意識や感覚などの要素との関係を重視する考え方との違いから生まれてくると言えます。さらに、そうした違いは目標とする動きかたの設定の仕方や、具体的な練習方法の差にも現れてきます。

競技種目固有の意味と価値

———

　スポーツで行われる運動やプレー（わざ）は、物理学的、生理学的にみれば、物体的、物質的な身体運動（**対象身体による運動**）です。しかしそうであったとしても、そこには競技や種目固有の見方や考え方（**意味と価値**）がある、ということに目を向けることが重要です。そうした理解がなければ、種目固有の動きを正しく理解することはできません。

　私たちは、種目固有の意味と価値の中で、技やプレーができるように練習を積んでいます。その練習の仕方や組み立て方には、その種目固有のわざに対する考え方が働いています。例えば、体力要因の考え方や感覚形成の考え方は、競技種目によって違うものです。また、基礎技能をどのように考え、どのように発展させていくのか、うまくいかないときにはその状

態をどのようにとらえ、どういう方法で対処していくのかを考えるのかには、競技や種目固有の意味と価値が大きく関わっています。

　以下では、このような場合の「意味と価値」を、具体的にどのように理解したらよいか考えていきましょう。

（2）わざができる〜意味的視点〜

「どのようにしたら」できるのか

　まず、**「意味」**について考えてみましょう。例えば、指導者が学習者に対して、「ジャンプをするときには、腕をもっと高くまで『力強く振り上げる』ように！」と言った場合、学習者は、「腕を力強く高く振り上げること」の意味がわからなければなりません。すなわち、「そうすることが、よいジャンプができることをもたらす」と理解できなければならないのです（ただしこの場合、それは少なくとも、ジャンプの力学的メカニズムだけの理解ではありません）。そして、そうした腕の使い方をすることで、なぜジャンプができるかがわからなければなりません。以下の例も同様です。すなわち、運動ができるために、そうすることの意味がわからなければならない、ということです。

　・「倒立をするときには手幅はこのくらいだ！」
　・「このときには強く押さなければならない！」
　・「投げる方向をみるのは、ボールを投げるときには重要になる！」

　ここでの「振り上げる」「手幅はこのくらい」「強く押す」「方向をみる」といったポイントは、科学的な実験の結果、「そうした方がよい」と導き出されたこと（物理的解決）ではありません。そうではなく、学習者本人が試行錯誤しながら練習体験をし、そこで感じた「こうすればうまくいく！」といった「実感覚」として獲得し、自覚することができる、「できるしくみ」です。それは、わざをする人にとっては、わざができるための拠り所となる「意味ある動きかた」なのです。

　このような動きに関わって取り上げられる「意味」は、そこに関わる人間によって認められた、競技や種目固有の専門的性格のものです。すなわち、各競技や種目で「わざ」をする際のポイントとして表現される「引く」「押す」「丸める」「逃がす」「開く」「強く」といった内容は、物理状態の

表現ではなく、種目固有の「**わざの意味**」の表現なのです。

意味と機能

————

このわざの意味は、**ボイテンディク**の**機能運動学** (funktionelle Bewegungslehre) の中核概念である「**機能**」概念を前提として理解することが重要です。

ボイテンディクは、人間の運動を理解するには、物理学的、力学的、生理学的に理解するのではなく、「人間は運動に際して何を意識しているのか、また、そこにはどんな考えがあるのか」にこそ目を向けなければならないとして、「機能」(Funktion) 概念を強く主張しました。その際、対極には、自然科学的概念である「過程」(Prozess) 概念を置きました。ボイテンディクは過程について、「時間とともに、個々の諸契機が並べられたものとして、因果律的に結びついている出来事」であると定義しています (Buytendijk, 1956, p.7)。すなわち過程とは、因果律を背景にした、人間主体の意識・認識が関わらない客観的な流れ、変化です。物理学的、力学的なメカニズムや生理学的メカニズムの研究は、過程的研究であると言えます。ボイテンディクはこの過程研究者の姿勢について、次のように述べています。

> 例えば、傾斜のある坂道を像が滑っていくような、具体的な自然の生起に関しては、エディントンが言うように、物理学者に関心があるのは、もっぱら質量や重心、摩擦係数、傾斜角度なのであり、そのほかすべてのことには関心はない。(Buytendijk, 1956, p.12)

これに対して、機能は、「ある何かに有意味に関係づけられている、分割できない全体」であると説明し、人間の運動や行動はまさに機能だと述べました (Buytendijk, 1956, p.7)。機能は一般には、働きや作用（全体に対する部分の関係的な作用、役割）を意味します。すなわち、何かが起きる（「過程」としての現象）とき、その何かが起きることに関係している諸要素（部分）が果たす「働き」を機能と言いますが、機能はその何かが起きるときの「意味」なのです。

ボイテンディクはこの機能の概念を、人間の「行動（運動）」に対して用いました (Buytendijk, 1956, p.4)。人の行動は、多様な諸要素（具体的な動

作だけでなく、人が思い描く目標や考え、イメージ、また期待などの気持ち等々）が、有意味に関係し合って働く（機能する）ことによって起きているのです。よって、人が「何か」をする（した）とき、それは単なる因果的な過程的事態ではなく、多様な諸要素が機能的に生じている**機能的事態**（**行動**：運動）だと言えるのです（Buytendijk, 1956, p.14）。

　例えば、A君がいま、鉄棒の逆上がりを練習しているとします。実際に他者が目にするのは、A君がいま行っている「逆上がり」（客観的現象としての身体運動：**過程的事態**）だけです。しかし、A君はそもそも、なぜ鉄棒の練習をしていて、どうなれば気が済むのでしょうか？　もう手の皮がむけて、相当に痛そうにも関わらず、どうしてこんなに一生懸命に練習しているのでしょうか？　また、A君の逆上がりでは、足が鉄棒に近づくと「顎が上がり、頭が背屈して」いますが、それは、A君の逆上がりの「イメージ」や技の「考え方」から生じていることかもしれません。A君がいま練習している逆上がりには、これらの目にみえない要因や、A君にとっての切実な何らかの理由があり、そうしたことを背景に、A君は逆上がりが「できる」ようにと練習している、とする見方が、**機能的な見方**と言えます（解説30-1参照）。

　結局、機能的な見方とは、実施者本人が「どんな理由」から「どんな動き」を「どのように取り上げようとしているのか」をみていこうとすること、つまり、実施者本人にとっての意味を問うことです。

解説30-1　動きの機能的な見方

●人間の「動き」は、意味（機能）を背景にして発生する
 ・両腕を左右に挙げているのは、身体を安定させバランスをとるため
 ・腰を引いている姿勢は、怖いから
 ・脚を大きく開くのは、見栄えがよい、という効果があるから
 ・じっとして動かないのは、どうしたらよいのかわからなくなったから
 　→〜〜部が「意味」を指す

　このときの意味や機能は、当然、専門的な立場から取り上げられるべきです。指導者がそれを理解するためには、自身の選手経験や、指導者としての指導経験を通して、種目固有の世界、および、わざの考え方を了解していることが必要です。

（3）わざをよくする～価値的視点～

どんなやり方が「よい」のか

　次に、「**価値**」について考えてみましょう。基本的に価値は、物事の「**値打ち**」や「**質**」に向けられた概念です。私たちは価値を基準として、「**よい**」「**悪い**」を判断しています。人間の日常的な動きにも、スポーツの動きにも、この**価値的視点**は適用されます。なぜなら私たちは、値打ちのある、よい動きやわざを目指していくからです。このときの意識を、**クリスティアン**は**行為の価値意識**と呼んでいます（金子、2005a、p.284）。

　クリスティアンはこの意識について、教会の鐘を鳴らす例で説明しています。鐘はロープを揺らして鳴らしますが、連続的に鐘の音を鳴らすためには、目指す鳴り方を意識して、自分の感覚を頼りに「よい」とか「もう少し……」などと感じながら、ロープの揺らし方や力の入れ方を調節しなければなりません。こうしたときの意識を、「行為の価値意識」と呼んでいるのです（金子、2005b、pp.37-38）。

　このような価値意識については、現象学者の**フッサール**も**価値覚**として取り上げています（金子、2005b、p.39）。こうした意識は、私たちがわざを行うときには不可欠です（解説30-2参照）。

| 解説30-2 | 価値的視点（の動きの評価の例 |

●人間の「動き」は、価値をもとに評価される
- 悪くはないが、<u>もう少し右に体重を乗せた方がよさそう</u>！
- もう少しグリップを深く握った方が<u>もっとよいスイングができる</u>！
- そういう感じより、<u>こんな感じかな</u>？
- インコースに投げるには、<u>もう少し左空間を意識して投げた方よい</u>
　→＝＝部が「価値」を指す

　なお、これらの感覚は「わざ」の「質」に向けられている**価値的感覚**であり、学習者自身によって描かれる**わざの理想像**から探られるものです。

わざの価値的追求〜理想像〜

　私たちが競技や種目で描くよい動きやフォーム、つまり**理想的なわざ**は、当然、その競技や種目の固有の観点から追求されています。ただしこの場合の「理想的」ということを、客観的データに基づく「科学的」なことだと考えるべきではありません。つまり、科学的メカニズムを優先させて、唯一そこから導き出された「科学的モデル」が理想像であるとか、理想的なフォームだと考えてはならないということです (Buytendijk, 1956, p.128)。

　例えば、「理想的な歩き方」といっても、求められる場面や状況等によって理想とされる歩き方は異なります (解説30-3参照)。

| 解説30-3 | 場面ごとに求められる多様な「理想的な歩き方」 |

・男性的な威厳のある「歩き方」　・女性的な優雅な「歩き方」
・モデルの「歩き方」　　　　　　・子どもらしい「歩き方」
・可愛らしいよちよち「歩き」　　・気品のある上品な「歩き方」
・兵士らしい「歩き方」　　　　　・競歩の「歩き方」

　わざの理想像は、種目固有の専門的な立場において、達成効果の観点から描かれる**価値的像**であるとともに、**魅力的なわざ**とすべく感性によって描かれる像であるという認識が必要です。その意味でも、指導者は指導種目において、学習者も納得する、わざの良し悪しを追求できる感性を磨く努力をしなければなりません。

確 認 問 題

●スポーツのわざの動きにおける意味と価値の内容を、具体例を示して説明しなさい。
●また、自分の専門とするスポーツにおいて、具体例を挙げて理想的な「捌き（方）」について論じるとともに、その根拠について説明しなさい。

| column |

理想像の考え方

————

ボイテンディクは「理想的な歩き方」の問題について、以下のように その考え方を論じています。

体育の多くの理論においては、以下のような見解が信じられている。最も 合目的的な歩き方は、物質代謝の亢進が進み、疲労がきわめて少ないもので あり、この歩き方はまた最も美しい歩き方という印象を与えるものである。 しかしながら、運動の合目的性はその実施の仕方に関する価値規準の一つに すぎない。・・・このことから、ただ一つの理想的な歩き方などないという ことが結論として出されよう。(Buytendijk, 1956, p.128)

体育やスポーツにおいて私たちは、理想的なわざ、動き、プレーを 追求します。しかし、そのときの「理想的な」というのは、あくまで、 わざの地平で問われなければなりません。つまり、どんな種目で求め られている技なのか、どんな競技特性の、どんな状況において、どん な効果を発揮すべきプレーなのか、といった視点から追求されること が不可欠です。その際には、当然、選手自身もわざに魅力を感じてい なければなりません。単純に、合理的、合目的的といった自然科学的 基準から追求されるべきものではないのです。こうした点から考える と、金子の体操競技の技の理想像の考え方と方法論にはすでに、今日 のスポーツの世界においてこそ求められるべき人間的、感性的視点が 示されています（金子、1974、pp.216-220）。

第31講

わざ指導における実存認識

学習内容

　この講では、わざの指導において運動指導者が認識すべき、学習者との実存的（人間的）関係の考え方について学習します。

　「実存」は、その言葉や概念を哲学的に考える以前に、私たちの誰もが十分に理解できる、当たり前の「人間」の概念です。しかし、当たり前すぎるがゆえに、指導においても研究においても忘れられてしまう傾向があります。スポーツにおけるわざは、自らの実践でも、指導の対象でも、研究の対象でも、それは人間の行為であるという認識、すなわち、実存認識をもつことが重要です。わざは、「私という人間」が行う、価値ある文化的社会的行為です。学習者のわざの促発指導において、運動指導者は、指導の場が人間的交流の場であることを決して忘れることなく、指導が仁術的性格の人間的な行為であると認識しておくことが重要です。

| キーワード |

　私、平均的な範囲、一般論の立場、個人の立場、科学的・客観的な立場、人間性、実存、私らしさ、人間らしさ、客観的立場、実存的立場、不安、客観的データ、哲学概念、自分の「存在」、看護、福祉、心理療法、実存的支援、実存的認識、経験者、未経験者、経験済み、知識の注入、一方通行的な指導、人間的交流の場、仁術的性格、わざ発生の緊張感、わざの指導、促発指導

（1）私という人間〜実存〜

個人の立場〜人間性〜

———

　スポーツは、「**私**」という人間が行う行為です。しかし、当然そうだとわかっていても、私たちは、その「私という個人が行う行為であること」「人間という多様な存在が行う行為であること」を忘れてしまうことが多いと言えます。そして、議論しやすいように、また、研究しやすいように、一般論で済ましてしまうのです。例えば、「人それぞれだから……」「人によって違うのだから……」といって、なぜ個々人で違うのかについては立ち入らない、という態度をとることも多いのではないでしょうか。

　さらに、「科学的」なことに絶対の信頼を置いて、「科学的にはよいはずだ！」「科学的には、すでに証明されているやり方だ！」といって、「私」個人のやり方を「例外」扱いすることもあります。運動の内容が**平均的な範囲**に入っていることこそが重要であり、価値があると考えてしまうことも多いのです。ところが、平均の範囲にはないにも関わらず、一流アスリートはよい意味で特別扱いされ、スポットが当てられます。その反面、運動がうまくできない人は悪い意味で、平均から外れているというマイナス的な見方がされがちです。

　このように、私たちがスポーツについて議論する場合、**一般論の立場**や、**個人の立場**、また**科学的・客観的な立場**など、さまざまな立場から発言することがあります。そうした多様な立場・言い方があることは、そういった多様さにつながる「問題の取り上げ方・ものの考え方」があることを意味しています。またそれは、どの立場が正しく、どの考え方が誤っているかを単純に決めることはできないことも意味しています。場面や状況によっては、科学的・客観的・数値的エビデンスの提示が必要なときもあります。一方で、個人の意識や感覚や考え方、また個人的立場を真実だと重視しなければならないときもあるでしょう。このような状況で、個人の「**人間性**」の視点を強調するときに、**実存**という言葉を使うことがあります。

実存

———

　実存という言葉は、基本的に哲学用語です。辞典等には、実存は「現実的な存在。通常は時間・空間内にある個体的存在。・・・本質に対する語として用いられる。・・・特に人間的実存を意味し、自己の存在に関心をもって存在する主体的な存在。自覚存在」（広辞苑、1979、p.992）などと説明されています。また、「現実的自覚的主体的な人間存在」とも言われます（成川、1978、p.4）。要するに、「本質」との関係における「実際の存在」を指す概念だ、と理解することができます。もちろん、この概念は実際のところ、複雑な様相を呈してはいます。しかしそれでも、実際に存在している「私という人間」「私という個人」のことだと理解しておいて、差し当たり間違いではないでしょう。この場合の「私」「人間」「個人」で問題になるのは、「**私らしさ**」「**人間らしさ**」（ボイテンディク、2016、p.66）の視点です。

　このような「個人」としての「私」や、「人間」としての「私らしさ」「人間らしさ」を大切にする立場、すなわち、人間の実存認識を重視するという立場が、スポーツ運動学の基本的立場です。

（2）実存的立場

客観的立場と実存的立場

———

　医者が患者に対して、診断の結果を伝えている場面を考えてみましょう。そうしたとき、医者はまず、診断の客観的な視点から、科学的内容を患者に伝えます。医者の仕事上の責務は、診察や診断を科学的に処理した客観的結果を、正確に患者に伝えることです。そして、患者にデータを示して、「この程度の症状であればほとんど問題ない」などと言って患者を安心させるものです。この場合、医者は「**客観的立場**」に立っていると言えます。

　これに対して、患者側（**実存的立場**）から言えば、医者から客観的なデータを基に説明されても、自分は本当に大丈夫なのか、つまり、私という個人に関しても同様に大丈夫なのかといったことはわからず、「**不安**」な気持ちになることもあります（佐久川、2010、pp.26-27）。

このとき、「不安」な気持ちが出てくるのはどうしてでしょうか？　また、そうした「気持ち」になるのは、大したことではないのでしょうか？　確かに医者にとっては、**客観的データ**を示すことが重要な責務です。とはいえ、「不安」という客観的には存在しない「もの」は、「気持ち」だけの問題だとして済ませておけばいいのでしょうか？　もしそうだとするならば、あえて「実存」などという、固い哲学用語、**哲学概念**をもち出す必要はないでしょう。

個としての実存

ここでよく考えなければならないのは、医者と患者では立場、生きている世界、ものの考え方の次元がまったく違うということです。この違いは、患者にとって決定的な意味をもっていることを、医者は心得ていなければなりません。例えば、患者が、「診察の結果、がんのステージⅣだった」ことを医者から聞くとき、患者は**自分の「存在」**と向き合い、「一般論はともかく、私自身は一体どうなってしまうのか」と追い込まれた状態で、その診察結果を聞くのです。患者のこのような「状態」が大したことではない、可哀そうだがしょうがない、と突き放すのでは、医者の真の役目を果たしているとは到底言えないのではないでしょうか？

今日、**看護**や**福祉**、**心理療法**などの領域で、「個」にスポットを当てた**実存的支援**や**実存的認識**の重要性が指摘されています（佐久川、2010、pp.24-25）。これらの領域では、最近の傾向として「個」を扱うこと、患者とまさに「実存」として相対することの意味と価値と重要さが強調されています。つまり、自然科学、あるいは科学においては重要な因果律的思考は、一般的特徴の解明には必要ですが、看護や福祉・教育の現場のような人間的な「実存」領域では、必ずしも中核的なものだとは言えないのです（佐久川、2010、p.3）。

第29講で解説したように、フランスの哲学者ベルクソンは、質と量の変換問題を指摘し、体験されたものを数値に変換せずに、そのまま取り上げることの重要さと意義を説いています。質は個（人間の感じ）や実存、量は科学的なデータと置き換えて読むことができますが、ベルクソンは個（人間の感じ）の問題、実存の問題を、そのまま科学的な量に置き換えて考えてはならないことを強調したのです。

（3）人間的交流としての「わざ」の促発指導

一方通行的指導の問題点

　こうした認識を前提として、運動指導の場面での「実存的」認識の重要さを考えてみましょう。まず、指導者（**経験者**）と学習者（**未経験者**）はまったく異なる世界にいる、と考えておくことが必要です（佐野、2000b、pp. 140-142）。すでに運動経験がある指導者は、基本的に「できる」をある程度、**経験済み**です。しかし、自分ができなかったころの「切迫した気持ちや感情、気分など」を、いま練習している学習者と同じようには、つまり運動の当事者としては、もう体験できなくなっています。

　そうした当事者の感覚から遠ざかっていることから、指導者は次第に冷静に、客観的に、学習者の動きを「みる」ようになってしまうのです。そして、指導者はだんだんと、評論家的（野次馬的、傍観者的）になっていきます。そうしたとき、学習者の運動（わざ）を、きわめて冷ややかに、客観的に評価することになります。学習者がしている動きややり方を淡々と、ただの「動き」として、客観的で科学的な評価対象としてとらえるだけになってしまうのです。

　しかし、学習者の世界は、「わざができるようになりたい」と思って取り組んでいる世界であり、指導者もかつては同じ世界で、苦労して「できる」を目指したことがあり、その大変さを知っているはずです。それにもかかわらず指導者は、「学習者の知らないことを、自分（指導者）は知っている」と考え、経験済みで「できる」自分の感覚や考え方の方が、学習者のそれよりも上位にあると考えてしまうようになります。そうした場合、指導者は技術指導を、「指導者のもっている（理論的であれ感覚的であれ）技術的知識を、学習者へ注ぎ込むこと」であると考えてしまうのです。少なくとも、そうした**知識の注入**によって、そのうちに運動ができるようになるはずだ、という考えになってしまうでしょう。

　こうして、指導者から学習者への、**一方通行的な**指導が展開されることになります。この「一方通行」的な、「知識の注入」的な指導では、実質的には「人を大切にする」「実存的視点」がなくなっています。

促発指導におけるわざ発生の緊張感の共有

　わざを教える・指導することを、単に、「指導者が理論や、体験して知っている感じ、あるいは技術的知識を注入すること」である、と理解してはなりません。また、学習者に対して、学習者を「個」として扱うといった実存的な関わりをせず、ただ、一方的な助言やアドバイスをすることも、指導とは言えません。さらに、学習者の世界と関係のない、指導者自身の感覚を事例的に紹介し、後は選手に任せて練習させるだけでは、それを「指導」と呼ぶことはできません。

　学習者の能力（身体知）を、意図的に活性化させ、引き出すには、わざが「人」によって、すなわち、実存としての「からだ」（谷口、1976、pp.734-736）によって行われる、実存的な性格のものである、ということを忘れずに指導することが重要になってきます。また、指導が、指導者と学習者との**人間的交流の場**で行われるべき「**仁術的性格**（人が人に施す）」のものであること、すなわち、「人格と人格の関係」（澤瀉、1956a、p.15）のものであることも、十分に認識することが重要です。さらに、学習者（わざが「できたい」）と指導者（わざを「できさせたい」）との間で、**わざ発生の緊張感**（できるような気がしてきたという気持ちの高ぶりや、どうしてうまくできないのかといった悔しさなど）が共有されなければなりません。こうした認識を欠いた指導は、決して「**わざの指導**」とも、**促発指導**とも言えないことを、指導者はしっかりと心得ておくべきです。

確認問題

● わざの促発指導において、学習者を、また学習者の動きを「実存」という立場で取り上げなければならない理由について論じなさい。

● また、促発指導の場面では、学習者と指導者の間で、わざ発生の緊張感が共有されなければなりません。それはどういうことか、説明しなさい。

| column |

促発指導の本質〜仁術的指導〜

　澤瀉久敬は、医学を定義するにあたって、「医学は理論であり、技術であり、仁術である」と説明しています。この場合、「技術は、人間と自然の間に成り立つ関係である」のに対し、「仁術は、人と人との間に成り立つ関係であり、倫理性が要求されることから、医学は本質的に倫理的である」ということを澤瀉は強調しています（澤瀉、1971, p.30）。そこでは、医学における、まさに実存認識を重視する考え方が説かれています。これにならって考えた場合、スポーツ運動学で言われる「促発指導」も、人と人との間に成り立つ、倫理的性格を欠くことのできない、まさに仁術的指導である、ということが強調されなければなりません。

第 Ⅳ 章

「できる」ための現場の運動分析
~スポーツ運動学的分析~

第32講

発生分析
～わざの現象学的－形態学的分析～

学習内容

　第IV章では、運動現場において、学習者自身および指導者が行うわざの分析（スポーツ運動学的分析）の方法論について学習します。

　この講では、発生分析を取り上げます。スポーツ運動学における「発生分析」とは、運動現場において、学習者のわざの習得・改善のために行われる「わざ」の現象学的－形態学的分析です。学習者が、自分のわざについて行う自己分析を「創発分析」、指導者が、学習者のわざの動きに関する問題点等について行う他者分析を「促発分析」と呼びます。発生分析で重要なことは、わざについて「感じていること」を可能な限り取り上げ、論理的に考えようとすることです。また、指導者が促発分析で行う借問や、発生分析で「映像」資料を用いることにおいて留意すべき点についても学びます。

| キーワード |

　動きかた、わざ、発生分析、現場的分析、論理的分析、現象学的－形態学的分析、分析作業、創発分析、促発分析、現象学的分析、論理的、対象的思惟、潜勢自己運動、代行分析、運動形態、促発指導、動感論的テクスト、運動生活史、借問、交信、能動的、顕在的、受動的、潜在的、共鳴化能力、動感素材、感覚的素材、わざの指導、形態分析、映像、躍動感、特権的瞬間、現在的行為、現象学的な考え方

（1）運動現場で行う論理的分析

発生分析～現場的分析～

————

　運動現場では、人間の身体知現象を対象に、**動きかた**が「よい」のか「悪い」のか、どうしたらいまより「よい」動きや**わざ**になっていくかに関心が向けられます。指導者であれば、学習者にどのようにアプローチし、どんなアドバイスをしたらよいかが関心事になるものです。

　この場合、学習者の動きの状態を「よい動きだ！」「うまくできている！」「できていない！」などとして、学習者も指導者も、そのとき「感じている」動きの状態に注目します。そして、その状態がどうして生じて（発生して）いるのかを明らかにしようとします。それは、運動現場において「意識的－感覚レベル」で行っている分析で、この分析を「**発生分析**」（発生論的運動分析：金子、2005a、p.13、pp.32-36）と呼びます。つまり、この発生分析は、**現場的分析**であると同時に、学習者および指導者が、自分の感覚や意識で行う**論理的分析**であるということです。心得ておくべき重要なことは、発生分析は信頼の置けない、侮蔑的な意味としての「感覚的」な分析ではなく、根拠ある学問的な分析（**現象学的－形態学的分析**）であるということです（金子、2005a、まえがきi；金子、2018、p.38）。

　現場では、学習者自身も指導者も、自分はなぜうまくできないのか、この学習者にどんなポイントを指導したらよいのかなど、あれこれ「思いや考えを巡らせる」ものです。スポーツ運動学では、そうした「思いや考えを巡らせる」ことを、価値ある「**分析作業**」と考えるのです。

創発分析、促発分析

————

　発生分析のうち、学習者自身の分析を「**創発分析**」、指導者が行う学習者の動きの分析を「**促発分析**」と呼び、その視点の違いにより区別されます（金子、2005a、p.61）。創発分析は、学習者が自らの動きの良し悪しを考える**現象学的分析**です（いま自分がうまくできないのはどうしてなのか、どこに原因があるのかなどといったように、自らのこととして**論理的**に考えること）。促発分析は、学習者の「動き」の向上を目指して、学習者の「動き」を指導者の

立場から「探る」現象学的分析です（学習者は〜だからうまくできないのではないか、もっと〜した方がよいのではないかなどといったように、他者の立場から論理的に考えること）。もちろん、指導者には他者としての視点しかありません。しかし、それでも可能な限り、学習者の意識や感覚に理解を寄せ（ゲーテ「**対象的思惟**」［金子、2002a、p.178］；金子「**潜勢自己運動**」［金子、1987、p.123］、「**代行分析**」［金子、2005b、p.202］）、その内容を理解しようとすることが求められます（現象学的分析）。

　要するに、創発分析とは、学習者が自らの「動き」の中で、自分の動きかた（運動形態）を「論理的に考えること」です。また、促発分析とは、指導者が学習者をよりよい動きへと導いていくために、学習者の感覚や意識に共感的に関わり、その学習者の動きかたの問題を徹底的に「論理的に考えようとする」ことなのです。

動感論的テクストへの注目

　創発活動でも**促発指導**でも重要なのは、注目しておくべきわざの動き（**動感論的テクスト**：金子、2005b、p.153）をあらかじめ頭に描いておくこと（先行理解）です（金子、2005b、p.195）。ただ何となく、「ここがおかしい！」「ここがだめだ！」というのではなく、先行理解した動感論的テクストやいまの動きをあらかじめ整理（構成）し、目標や課題として設定しておくといったように、論理的に考えることが重要です。例えば、指導者が「この選手は『助走』に問題（スピードが出ていない）がある」と考えたとき、あらかじめ思い描いていた「スピードが出ている理想の助走」（先行理解した動感論的テクスト）から、「最後の踏切を意識しすぎている」「歩幅をもう少し広くした方がよいのでは」などといった具体的なアドバイスを考えようとするのです。もちろん、そうした過程で、助走の仕方以外に目を向けることが必要になることもあります。

　また、学習者にそれまでの練習過程のことをいろいろと聞いて、学習者の「**運動生活史**」（過去にどんな練習をしてきたのか、またその過程でどんなことがあったのか等）にまで踏み込むことも必要になるかもしれません。いずれにしても、学習者の動きの動感論的テクストを、多角的に構成しようとすることが大切です。

（2）促発分析における借問の方法論

自分の動きに向き合わせるための借問

———

指導者が行う促発分析（発生分析、現象学的分析）の対象は、指導者が肉眼で直接みて感じる学習者の「動き」です。あるいは、学習者が指導者に報告する自分の「感じ」や、「わざ」実施の意識内容・感覚内容です。

スポーツ運動学では、学習者の動きをよりよい方向に導いていくために、指導者が学習者に、学習者自身の動きかたについていろいろと「問いかける」ことを**「借問」**と言います（金子、2002a、p.525；金子、2005b、pp.198-200）。例えば、指導者は学習者に対して、「いまのはどうだったの？　うまくいった？」とか「君は、この動きのポイントをどう考えているの？」など、動きかたについていろいろと聞くものです。そうしたとき学習者は、「よかったと思う」とか「タイミングが遅かった」などと答えます。実際の学習場面、指導場面では、学習者と指導者との間でこのような「やりとり」（**交信**）があるはずです（金子、2005b、pp.191-195）。

指導者の学習者との交信や、その中での借問は、学習者がいま「できない」のであれば「できる」ようにするためのものであり、いま「ある程度できる」状態なら、「さらに上手にできる」ようにするためのものです。そして、このような借問や交信において重要なことは、指導者が学習者に対して、学習者自身が感じている感じや意識内容を答えさせようと、意識して問いかけているかどうかです。これはインタビューや単なる聞き取りなどとは違います。指導者が知りたいから学習者に聞くのではなく、学習者に自分の感覚を自分で探らせ、学習者自身が描く「できるイメージ」を膨らませるためのものとして、指導者は問いかける必要があります。

この借問でのポイントは、学習者がどんな感覚や感じをもち、どんな意識や考え方で「わざ」をしているのかについて、学習者にとって意識的（**能動的、顕在的**）なことだけでなく、無意識的（**受動的、潜在的**）なことにも目を向けさせて問いかけようとすることです。また、「わざ」遂行に関わること（動きの内容）を学習者自身に探らせ語らせる（学習者への問いかけで出てきた諸要因や諸要素について、学習者自らに「できる」ためにはどうしたらよいか関係づけさせる）ことも重要です。

　例えば、「脚を－このように振り上げる！」（意識的、能動的）という場合、「腕はどうなっているの？」「肘はこんな感じ？」「目線はどこ？」などというように、学習者にとっての無意識的、受動的な内容についても問いかけてみます。学習者が意識できている特定の部分だけに止まらず、学習者はどのようにしたら「できる」と考えているのかについて、派生的かつ波状的、立体的に問いかける内容を展開・発展させていくことが重要です。よって、借問は共感的（**共鳴化能力**：金子、2005b、pp.40-41）、かつ、多層的に行われる必要があります。そのためには、指導者には可能な限り、「わざ」の経験があり、その感覚（**動感素材、感覚的素材**：金子、2005b、pp.134-135）を少しでも「わかる」体験をしているべきであり、その世界に入り込もうとする姿勢が不可欠です。

　競技スポーツだけでなく、学校体育でも、運動指導が**わざの指導**であるならば、その指導は促発指導であると考え、学習者のできる能力（身体知）を開花させ、わざができるように学習者を導こうとする意識が必要です。

動きの細部、わざの考え方まで取り上げること

　例えば、鉄棒のけ上がりができる人に、「け上がりができるようになるために、身体のどの部分のどんな動作が一番重要だと考えているのか」といった能動的内容や、学習者から発言のなかった、振れ戻りの際の脚寄せのタイミングの感じといった受動的内容についても問いかけ（借問し）ます。また、それだけではなく、個々の部分動作やそのときの感じ、いろいろな意識内容を「能動」「受動」の観点から事細かに取り出すとともに、学習者が自分自身でそれらの各動作の意味と価値づけができるように「促す」のです。このとき、学習者が自分のけ上がりにおいて、どんな内容を技術ポイントと「考えているか」（例えば、「支持になるときの鉄棒の握り替えが遅くなるので、もっと早くする」といった考え）についても取り上げることが必要になります。

指導者の先入見をもち込まないこと

————

　ただし、学習者にわざや動き、プレーのことを問いかける（借問する）ときには、問う人（指導者）の先入見をもち込まないこと、あるいは、問う人が自明だと思っている判断をもち込まないようにすることが必要です。例えば、「これが正しい！」「そうではない！」「それはおかしい！」などの、問う人の立場や判断・評価が入った態度や、決めつけはしないことを心がけることが大切です。

学習者の返答の背景を探ろうとすること

————

　加えて重要なことは、指導者の借問に対する学習者の返答内容には、多くの要素・要因が関与していると考えておくことです。例えば、借問に対して学習者が返答した「内容」を、ただそのまま表面的に理解するのではなく、その返答内容には、学習者自身の創発的能力や、そもそもの指導者との関係も影響する、ということを理解しておくことが必要です。また、学習者が何を目標像として、どんなイメージを描いていたのか、さらにはこれまでどんな環境下で練習してきたのかといった運動生活史的内容も背景にあることを、理解していなければなりません。

できる見通しを自ら答えさせること

————

　借問では、わざをよりよくするために、学習者本人が自分ではどうすればよいと考えているのか、そのできる「見通し」を自ら答えさせることが重要です。一般論ではなく、自分のわざをよりよくするための評価と見通しを自分事として答えさせる問いかけが大切だ、ということです。学習者に自分の「わざ」を、自分の世界のこととして探らせることが重要なのです。

（3）促発分析における形態分析

動きかたと「像」

———

　わざ指導の現場では、学習者へ借問を行いながら促発分析が行われますが、その促発分析は基本的に、動きかた（運動形態）に関する分析（形態分析）を意味します。

　動画としての「**映像**」や連続写真やキネグラムの中には、動きかたが可視的な「像」として現れていると考えられています。だからこそ、私たちは練習でも指導時でも、動きかたの問題解決のために、この可視的な「像」をみるわけです。

　練習や指導、また研究でも真剣になればなるほど、動きに対する眼差しは鋭いものになるでしょう。そして、写真や動画を指差して、「この映像や写真では『こうなっている』！」として、そこでみる可視的な動画や「像」から、自分の動きや学習者の動きの問題点を考えようとするものです。

「像」の信頼性〜写真と絵画〜

———

　それでは、可視化され何度もみることができる動画や写真の像は、動きかたの本質や真理をそのまま写し出していると言えるのでしょうか？　このような問題をめぐっては、これまで興味深い議論が展開されてきました。

　いわゆる連続写真は、マイブリッジによる馬の解析写真（1878）が最初だと言われています（谷川、1986、p.155）。そのしくみは、馬が走る横にカメラを何台も並べて、馬が走るごとにシャッターが切れるように糸を張るもので、こうして連続写真が生まれました（図32-1[a]参照）。それまでは、「動き」をとらえ、それをじっくり眺めることはできなかったため、誰も動きの連続的な流れを正確に、目にみえる形で再現できなかったのです。

　一方、この当時、画家のジェリコーが馬の疾走フォームの絵を描いていましたが（図32-1[b]参照）、撮影された連続写真をみてみると、ジェリコーが描いた局面はありませんでした。これによって、ジェリコーの絵は、「絵画としては芸術的価値があるかもしれないが、現実の姿を描いていないので『嘘』だ」という議論が沸き上がります。連続写真の方が「真理」をと

図 32-1 馬の疾走フォームの連続写真[a]とジェリコーの絵画[b]
　　(谷川、1986、p.156[a]、p.159[b])

[a]

[b]

らえていて「正しい」、というのです。

　これに対して、芸術家のロダンは、ジェリコーの絵こそ「本当」なのだと主張します。ジェリコーの絵は「駆けているような」**躍動感**を描き出しているのに対し、写真にはそれがないと言います（谷川、1986、pp.160-161）。また、哲学者ベルクソンや日本の九鬼周造も、写真などのいわゆる科学的資料と私たち人間の「肉眼」でとらえる内容では、そもそも「性質が違う」ことを指摘し、人間が「みる」ということはそこに感性を働かせてみるのであり、より実際の「像」に迫っているのだとして、肉眼でとらえることの意味と価値を説明しています（谷川、1986、pp.161-162）。さらに、人間が自分の眼で「みる」ことは、みている「もの」（例えば、逆上がり）の特徴をとらえるような見方をしていて、しかもその特徴（例えば、逆上がりというわざが成立する際の特徴）がにじみ出る瞬間（**特権的瞬間**：谷川、1986、p.176；ベルグソン、1982、pp.374-375）がわかるのに対し、写真や映像（自然科学的な時間の区切り）は抽象的であり、どの瞬間も同列、同質になってしまうことを指摘しました。

動きかたの本質をとらえる〜「像」を「みる」〜

　こうした議論から導き出されるのは、わざや動きかたの本質や真理は、客観化された映像や写真の中に客観的に「ある」のではなく、その映像や写真を「みる」「感じる」人の中に生まれてくる（現れてくる）ということです。スポーツ運動学でも、こうした考え方を重視します。映像資料や写

真資料があるからといって、そこに真理が映し出されている、そこに真理が客観的に「存在している」とは考えないのです。そうではなく、映像をみる人のみるという「**現在的行為**」自体の中に動きの問題点が「浮き出てくる」「現れてくる」という**現象学的な考え方**をします。スポーツ運動学では、映像をみる人が「その映像に何をみているのか」を解明することこそが重要になります。

確認問題

●発生分析と呼ばれている分析を、具体例を挙げて説明しなさい。
●また、スポーツ運動学的立場に立つ映像分析の考え方について説明しなさい。

| column |

わざの微妙な変化を表現すること

―――――

　菊池は、ゲーテが自身の『色彩論』の中で、古代ギリシャ人が色の濃淡や明暗の表現の仕方に苦心していた様を指摘していることに着目しました（菊池、1979、p.17；ゲーテ、1987、p.67）。そして菊池は、古代人が、例えば「赤」といっても「こってりした赤」「水っぽい赤」「照映のある赤」などとさまざまなことばを使い、微妙な「赤」を表現するのに腐心し工夫していたことを述べています（菊池、1979、p.17）。

　同様に、私たちが運動現場で、わざをみてその印象を言語表現するときも、いろいろと苦労しているものです。すなわち、「ダイナミクスに欠ける動き」とか「粘りのある動き」「こじんまりしすぎ」などの印象表現は、わざの生成現象を注意深く観察し、そこから生まれる動きの特徴を、可能な限り直観的に表現しようとしたものだと言えます。現場の発生分析では、このようなわざの特徴の描写や「表現」は、学習者に望ましい運動イメージを形成させる上できわめて重要です。

第33講

「現存在分析」的運動分析
～わざの実存分析～

学習内容

　この講では、現場の運動分析にとって示唆に富むと考えられる現存在分析（精神医学で用いられている患者の分析法）を、スポーツ運動学の立場から学習します。

　現存在分析は、現象学者のハイデガーが提唱した、人間の本質を表す用語である「現存在」概念に基づいた分析法で、主として統合失調症患者の精神状態を理解するための分析です。現存在分析の特徴は、人間としての患者の精神状態をどのように理解したらよいかに主眼が置かれているところにあります。このような、患者の精神状態を理解しようとする基本的な考え方は、わざの促発指導時に、学習者の意識状態や感覚状態をとらえる上でも有効であると考えられます。

| キーワード |

　現存在分析、現象学、現存在、精神医学、運動分析、技術分析、人間、人間の本質、要素的研究、ハイデガー、自覚、存在の仕方、実存、現存在分析学、本来性、非本来性、配慮的気遣い、視、配視、可能性、情状性、了解、語り、ことば、現象学的分析、統合失調症、ビンスワンガー、自然科学的方法、人間性理解の立場、因果法則的現象、現象学的－経験科学的な分析方法論、人間的側面、因果律的な見方、判断中止（エポケー）、別次元のこと、直接的関係性、現存在的特徴、人間らしさ

（1）現存在分析～精神医学における分析法～

人間の本質への問い

————

　現存在分析は**現象学**（哲学）から出てきた概念（「**現存在**」）をもとに考え出された分析法であり、今日、**精神医学**に応用、適用されて市民権を得ています（荻野、1988、p.81-83；荻野、1994、pp.9-13、pp.181-182）。スポーツ運動学における**運動分析**や**技術分析**、また発生分析（創発分析、促発分析）は、学習者の内面（意識、感覚）も対象とする分析であるという点では、この現存在分析と共通点をもっています。

　現存在分析は、具体的にはどんな特徴がある分析法で、どんな経緯をもって精神医学に導入されたのでしょうか？　スポーツ運動学の分析法との関係をみていくためには、そうした事情の多少の理解が必要になってきます。

　そもそも現存在、というこの何ともいかめしい、いかにも哲学的な用語は一体何を意味しているのでしょうか？　多くの人はこうした用語を目にすると、哲学的な難解さの先入見をもつのが通例でしょう。しかしごく簡単に言うならば、現存在とは、普通の「**人間**」のことです。ならば、ただ人間とだけ言えばいいじゃないか、と言いたくなりますが、ことはそう簡単ではないのです。

　例えば、人間の動物的側面を強調して「人間は動物だ」と言うこともできますし、物質的側面からみるならば、「人体」と言えば済むのかもしれません。また、人類学的視点で言うならば「ホモ・サピエンス（英知人）」（リンネ：現生人類を意味する人類学上の学名）、人間は遊ぶ生き物だというのであれば「ホモ・ルーデンス（遊戯人）」（ホイジンガ：遊戯が人間活動の本質だとし、遊戯は文化を生み出す根源であるとした）、ものを作る人という点を強調する場合であれば「ホモ・ファーベル（工作人）」（人間の本質は物を作り、自分を形成していく創造活動だ、としてベルクソンが規定した呼び名）などと表現されます（山岡、2009、p.111）。これらはいずれも、それぞれの立場で人間の「**本質**」を問うているのです。このように**人間の本質**を問う立場には、実にいろいろな視点があります。ただ単に、「人間はこうだ！」と決めつけて、それで済むものではありません。

　このようなことから、「人間の本質」への問いは研究上、必要になります。むしろ、そこが真剣に問われなければ、常に「人間の本質」から距離を置

いた「**要素的研究**」になってしまうとも言えます。ヴァイツゼッカーが、著書『ゲシュタルトクライス』を、「生命あるものを研究しようと思うならば、生命と関わり合わねばならぬ」（ヴァイツゼッカー、1975、p.3）という一文ではじめたのも、それは「生きる」ことと真正面から向き合わなければ、つまり本質と向き合うことがなければ、本当の意味での「生命研究」にはならない、という警鐘だと言えます。同じようにして、「人間」を研究しようと思うならば、人間の「本質」と向き合うことが必要になります。このようなところに人間の「本質」を追求することの意味があるのですが、現存在の概念もそうした考究から生まれたものです。

「現存在」の概念

　現存在という言葉は、現象学者（哲学者）の**ハイデガー**による造語です。原語はドイツ語でDasein（ダーザイン）と言い、動詞「da sein」（「このように［現に］ある」）の名詞形です。ハイデガーはこの言葉で「人間存在」の本質を表そうとしました（荻野、1994、pp.21-22；渡邊、2011、pp.78-79）。現存在をわかりやすく言うならば、人間は「自分の存在」を**自覚**する（自己を「現」にそこにあるものとして自覚する）存在だ、ということになります。「いつも自分を気にかけ、自分をわかっている存在」とも言えます。こうした自己を了解しつつ存在する「**存在の仕方**」を「**実存**」と呼び、そのように「存在する」人間を表すのが、「現存在」です（渡邊、2011、pp.41-43）。ハイデガーは「存在」の視点から、人間の本質を問おうとしたのです（現象学的存在学、**現存在分析学**：木村、1975、pp.295-296）。

現存在の特徴

　では、そうした分析・考察から取り出された、人間（現存在）を特徴づけている要素、あるいは、創造された用語や概念には、どんなものがあるのでしょうか？　そのうちの重要なものを挙げてみるならば（渡邊、2011）、**本来性**（≒自分らしく存在していること：p.41）、**非本来性**（≒自分らしさを喪失して存在すること：p.41）、**配慮的気遣い**（≒例えば「身の回り」のもの［世界］が自分の関心と関係づけられていること：p.90）、**視**（≒認識に先立ってみてとる［何とな

くわかる］作用：p.87）、**配視**（≒何のためのものであるかをみてとる［何となくわかる］作用：p.97）、**可能性**（≒自分を自分として存在させているもの：pp.137-139）、**情状性**（≒気分：pp.129-135）、**了解**（≒「できる」という意味で「わかる」こと：pp.135-142）、**語り**（≒自己の体験内容が外へ向かうことであり、その一形態が「ことば」であること：pp.151-157）などがあります。これらの用語は人間の特徴を表しているのですが、要するに、「人間は自分らしく存在し、周囲に気遣いをする存在であり、いろいろと体験する中でものの有用性をとらえていく存在である。また、自分の可能性に目を向ける存在であり、いろいろな気分に左右され、他人とことばを交わすような存在である」ということを表しています。このようにしてハイデガーは、現存在（≒人間）は、そうした特性（本質契機）を有する「私がいる」という主体的な存在の仕方をしているのであって、それは「単に物体（もの）がある」というような、客観的な存在の仕方をしているのではないことを強調したのです。

精神医学と現存在分析学の出会い

　ハイデガーのこうした分析は、きわめて鋭い視点をもってなされた、緻密かつ厳密な**現象学的分析**だったと言えます。例えば、私たち人間は、何気ない日常生活の中でちょっとしたことを気にしてしまったり、確証もないのになぜかできそうだと感じたり、楽しいという気持ちがじつは表面的で取り繕ったものであったり、やりたいのに一方でやりたくない気持ちがあったり、訳もなく人と談笑したり……といったように、非常に複雑な生き物です。こうした点にハイデガーの視点が向けられ、現象学的に人間が分析されていったのです。なお、私たちの立場から付け加えるならば、そうした人間がスポーツに魅了されているのだと言えます。

　そして、この現存在という認識の仕方が「**統合失調症**（当時は精神分裂病と呼ばれていました）」の治療法および研究法として導入されることとなります。当時、統合失調症は薬物治療に限界のある、きわめて「人間的な病」であり、その治療においては、まずもって患者の「人間という存在の理解」が不可欠だ、との認識が強くあったと思われます。そうしたときに、ハイデガーが提起した人間の現存在認識（現存在分析学［Daseinsanalytik］）（木村、1975、pp.295-296）が、当時の精神科医の目には、統合失調症患者のきわめて有効な治療および分析方法と映り、受け入れられたのです。とくに、

スイスの**ビンスワンガー**は、ハイデガーのこの人間の現存在認識の仕方に強く共鳴した精神科医で、統合失調症の治療としての現存在分析の代表的提唱者でした（荻野、1973、pp.108-110）。

こうして、哲学的概念としての現存在が精神医学で注目され、現存在分析（Daseinsanalyse）（木村、1975、p.295）が方法論として位置づけられるようになりました。要するに、現存在分析は、統合失調症患者の治療のために行われる、患者を「人間を現存在的に理解」しようとする方法なのです。

しかし、医学の中でもこの方法は特殊であり、場合によっては、異端児扱いされるほどです。医学においては通常、治療は精神的な分野も含め、薬物治療や手術といった**自然科学的方法**が基本になるからです。しかし、統合失調症などの精神的な病はそうした方法だけでは対処しきれないものであり、より**人間性理解の立場**からの治療が必要だと考えられていました。そして、そうした考えから提唱された分析方法が、ハイデガーの現象学（哲学）から採用された現存在分析だったのです（木村、1975、p.295；荻野、1994、pp.15-16）。それは、患者が「どうしてそんなことを考えるのか？」「どうしてそう思うのか？」を、「人間」（現存在）の視点から理解しようとし、その理解から治療をしていこうとする方法です。

スポーツ運動学も、人間性理解を重視するという意味では、同じ立場をとっています。すなわち、スポーツ運動学は、スポーツ運動を物体や物質的に、**因果法則的現象**から理解しようとする学問とは距離を置いているのです。

哲学的概念を採用しているといっても、こうした現存在分析は、人間についての**現象学的−経験科学的な分析方法論**です。すなわち、哲学的概念を用いていても、現存在分析は純粋な哲学ではなく、現場の問題（精神医学領域では統合失調症患者の問題）を解決するのに有効な科学、それも現象学的な経験科学である、ということです。それも、純粋な自然科学とは区別され、自然科学では解明できない**人間的側面**に焦点を当てて、現象学的に分析しようとする方法なのです（荻野、1994、p.15）。

（2）現存在分析の方法論的特徴〜判断中止〜

現象学的方法の特徴の１つに、自然科学的な見方（**因果律的な見方**）をいったん停止する**判断中止**（**エポケー**）を行うという点があります（荻野、1994、

p.20)。現存在分析は、この判断中止を前提としている方法です。現存在分析の方法を理解するためには、判断中止が具体的にどのようなものかを理解する必要があります。

判断中止という方法

　以下では、精神科医の荻野の説明を取り上げます（荻野、1994、pp.20-24）。自然科学的な見方とは「精神病は大脳病である、という考え方」であり、「（デカルトが考えていたように）身体の働きは純粋に機械的に営まれている」ことが前提になっています。そこから、「問題の実相は、自然科学的方法によって解明される」という考え方が採用されています。

　さらに具体的な例を挙げると、「睡眠障害は日常生活のリズムの失調から起きる」と説明したならば、それは自然科学的説明になります。この場合、「睡眠障害がリズムの失調から起きる」ことになれば、そのリズムの回復に関わる「薬の投与」が治療方法であり、それで治れば睡眠障害の治療は終了します。

　しかし、そもそも睡眠障害はなぜ起きるのでしょうか？　なぜ自分には起きて、あの人には起こらないのでしょうか？　これらの問いには、自然科学的メカニズムやしくみとして回答することができる側面と、そうでない側面があることに注意が必要です。

　自然科学的解答の場合には、睡眠障害は物質問題として取り上げられます（自然科学的見方）。一方、そうではない場合には、睡眠障害が物質問題とは**別次元のこと**から引き起こされる事実だと、考えを「転換させること」が必要になります。そして、自然科学的なこととは違う「何か『別次元のこと』」（臨床的・現場的事実）をみるためには、「睡眠障害を物質問題だとする（自然科学的な）見方」を、まずはいったん停止しておく方法（判断停止：エポケー）をとる必要があるのです。つまり、睡眠障害は物質問題から起きるとはひとまず考えずに、それとは「別の何か」との**直接的関係性**を暴き出す考え方をしようとするのです。このとき、「睡眠障害は『何か別のこと』から引き起こされている」と考え、「自然科学主義的精神医学によってはみえてこない」（荻野、1994、p.25）何かに目が向けられます。

人間の本質理解に基づく人間（現存在）分析

　エポケー（判断停止）という方法は、停止した「考え方」（ここでは自然科学的な見方や解答）に代わる「別の何か」を浮き彫りにするための方法です。この場合、停止した「考え方」（自然科学的な見方）のエポケー後に、「別の何か」を突き止めるために、睡眠障害を起こしている人間の性格（現存在）を深く理解（分析）することが必要になります。**現存在的特徴**である「自分を『気遣う』」という点や、「関心」「情状性」「非本来性」などの内存在的構造視点からの分析などといった人間（＝現存在）の分析によってみえてくる「何か」を浮き彫りにしようとするのが、現存在分析です。

　このような現存在（人間）の分析によって、その「何か」が現存在の睡眠障害を引き起こしている原因だ、という構図が浮き彫りになってくるのです。こうして「何か」がみえてきたとき、治療者としての精神科医は「**人間らしさ**」の視点から、患者を、まずは注意深く見守っていくことになります。

　このように、人間を現存在として分析していくのが、現存在分析です。

（3）スポーツ現場における現存在分析の可能性

　現存在分析は、19世紀以来、自然科学万能主義が唱えられている現在にあっても、そうした方法では対処しきれない精神疾患（統合失調症や神経症）の治療法として、その存在意義が強調されています。現存在分析は、精神疾患患者の治療を目指して、物質的、因果的ではなく、人間性や人間らしさ（ボイテンディク、2016、pp.65-69）の視点から、その状況を打開しようとして行われる「分析」だと言えます。

　このような現存在分析の手法は、スポーツの技術分析にとっても適用すべき有益な方法です。つまり、課題達成に関する「効率よい、効果的な動きかた」のポイントを探ろうとするときに有用な分析方法です。なぜなら、スポーツ運動は、人間（現存在）が行うものであり、現存在の視点や「人間らしさ」の視点を欠くことができないという点で精神医学と共通していると言えるからです。

　その上で、スポーツの技術を現存在分析的に分析する場合には、「わざ」

としての動きかた（技、プレー）が、「気遣い」「配視」「情状性」「可能性」「語り」といった現存在の根本構造の特徴を考慮して分析されることになります。

　現存在分析の分析法は、わざがなかなかうまくできない、わざをもう少し発展させたいといったとき、学習者（現存在）の動きのどこに問題があるのかを、まさに人間性あるいは実存の立場（第31講参照）から探り、解明していこうとするときには、有効な分析法の1つと言えます。

確認問題

●「現存在」とは何か、説明しなさい。
●また、現存在分析がスポーツ現場において、どう生かされる可能性があるか、論じなさい。

| column |

運動現場における人間の「現存在」という見方の意義

　ハイデガーは、代表的著作『存在と時間』の中で現存在という概念を主張し、人間の存在（「世界内存在」）の「構造」（「内存在」の構造）を解き明かそうとしました（ハイデガー、1994、pp.130-381）。この本は哲学書であり、難解だと思いたくなるような内容です。しかし、先に述べたようなこの本のテーマを理解できれば、この本がいかに「人間」という存在を「深く追求し、考え、その『本質』を取り出そうとしている」かがわかり、非常に面白い本だと感じられると思います。また、ハイデガーの鋭い人間分析力とその豊かな感性も感じられるでしょう。学問にはつきものですが、ハイデガーの哲学に関しても、その方面ではいろいろと賛否両論があるようです。しかし、ハイデガーの現存在分析学が思想界に与えた影響は非常に大きいものです。また、『存在と時間』におけるハイデガーの「人間分析」は非常に価値があり、スポーツの運動分析にもきわめて有用な知見を提供していると思われま

す。それは、この思想が精神医学という経験科学に与えた影響をみて
も十分にわかります。ハイデガーは「人間」という「存在」に対して、
きわめて鋭く独創的な分析を行い、人間研究の新たな視点を提供した
と言えます。それは確かに哲学的（現象学）観点からの分析ですが、
宙に浮いた机上の理論ではなく、（用いている用語や概念は哲学的で難解な
のですが、）それらはきわめて現場目線での、実際的観点からのもので
す。しかもそれは、非常に「緻密な」分析によるものであったという
ことが言えます。『存在と時間』はその難解さにも関わらず、当時の
若者にはよく読まれたようです。

　スポーツの運動現場では、こうした「現存在」的、「実存」的特徴
を有する人間が、わざを身につけようと練習し、わざを磨こうとして
います。わざの習得や追求は、決して直線的に進行し、迷いなく淡々
と行われるものではありません。本文でも指摘しましたが、人間は現
存在や実存的存在であるがゆえに、本来の、あるいは非本来の自分と
向き合うことを繰り返し、配慮的に、配視的に、また「語り」（渡邊、
2011、pp.120-122）の中で、「語り」を通して、わざを追求し、わざの
中に入っていこうとしているのです。このような、わざと向き合う人
間の現存在的見方は、運動現場では不可欠であると思われます。

第 V 章

発生運動学の誕生

第34講　スポーツ運動学の再編とその理論基盤

第34講

スポーツ運動学の再編とその理論基盤

学習内容

　第Ⅴ章では、スポーツ運動学の学問としての成立経緯と理論基盤、および、その理論を提唱した代表的人物の基本思想について学習します。また、そのことを通して、本書のまとめとして、スポーツ運動学の学問的性格、そして「何を目指している学問なのか」についての理解を深めます。

｜キーワード｜

　身体の運動、母科学、客観的な運動現象、マイネル、運動学、形態学的な方法論、モルフォロギー的運動理論、教育学的視座、科学性、客観性、学問的基盤、モルフォロギー、形態学、現象学、モルフォロギー思想、金子明友、モルフォロギー運動学、理論補強、スポーツ運動学、ゲーテの形態学、哲学的理論、ゲーテ、シュトラウス、ボイテンディク、ヴァイツゼッカー、ベルクソン、フッサール、人間中心、現象、哲学的思考、「現象学的、形態学的運動認識」、現象学的な運動形態学、現象学的形態学、現象学的色彩論、現象学的－人間学、私時間、現前空間、主体、運動発生論、運動発生原理、生命論的哲学、直観、フッサールの現象学、意味、価値、かたち、形成、発生運動学

（1）マイネルの『運動学』の登場

　今日までの、体育・スポーツ領域における科学的研究の発展動向を、歴史的にみてみると、当初から力学、生理学、解剖学、体力学などの自然科学的研究が中心的な位置を占めていました（ゲーナー、2003、pp.16-20；Grosser, 1978, pp.370-373；金子、1984、p.11；岸野、1968、pp.7-11；Krug et al., 2001, p.31；マイネル、1981、pp.61-78）。その中で、キネシオロジー（Kinesiologie）やバイオメカニクス（Biomechanik）などが、運動の学問（運動学、身体運動学、生体力学）として華々しく登場してきました。

　これらの運動の学問は、体育やスポーツで行われる**身体の運動**を、すでに確立されたいわゆる**母科学**（物理学、生理学、解剖学など）の立場から研究、説明するものでした。ただ、そうした立場で研究対象となる「運動」は基本的に、人間が体育やスポーツで「動く」ときの身体の**客観的な運動現象**でした。

　このような中で、(旧東)ドイツの**マイネル**は『**運動学**（Bewegungslehre）』(1960)を上梓しました（金子、1984、p.12）。先述した学問展開の流れから言えば、出版前は、マイネルの『運動学』もそうした路線の運動理論だとイメージされていたと思われます。しかし、実際に出版されたマイネルの本の内容は既定の路線とは毛色の違うものでした。その内容は、「客観的な運動現象」の説明をするものではなく、「学習者が行為としての動きを覚え、習熟させていくための理論」だったのです。さらにそれは、指導者が運動指導をする際に不可欠な、動きの理論書でもありました。

　『運動学』に書かれていたのは、例えば、人間がスポーツの運動をどのように身につけていくのか、その「動きの習熟」はどんな特徴を示しながらどのように進むのか、人間が覚える運動はどんな視点から評価されるべきか、といった内容でした。そしてマイネルは、とくにいわゆる「質」的視点の知識を、まとまった形で出版したのです。これまで本書を読み進めてきた皆さんならもうおわかりかと思いますが、こうした内容は画期的なことでした。さらにこの本は、単なる指導の方法論ではなく、具体的な指導に生かされるべき、指導者なら知っておくべき指導の着眼的内容についても言及しています。加えてマイネルは、**形態学的な方法論**という、「科学的立場」からみれば「素朴」とも言える学問の方法論的立場から理論を構築し（**モルフォロギー的運動理論**）、「**教育学的視座**からのスポーツ運動の理

論の試み」と副題を設けて、独自の理論を展開したのです（Grosser, 1978, pp.384-385）。

このような経緯から、『運動学』は、当時一般に考えられていたような母科学の学問的立場からの運動理論ではなかったことがわかります。マイネルのこの本は、「運動の実践現場」において指導者が対峙している運動評価の問題や、学習者の実際の動きの変容の姿といった、具体的かつ実践的な内容に焦点を当てて整理し、まとめ上げられた運動理論が書かれている、という点に特色がありました。

したがって、そこには「目新しさ」もあり、マイネルの『運動学』やモルフォロギー的運動理論は、当時、注目されました。しかしその後、理論の**科学性**と**客観性**に対して、批判の目が向けられるようになります。

さらに、1960年に出版された初版のマイネル単著による『運動学』と、その後に弟子のシュナーベル主導のもとに複数の学者が執筆した1977年以降の改訂版、ないし、改訂増補版ではその「**学問的基盤**」は、全く異なったものになってしまいました。後者では、初版のマイネルの『運動学』の学問的基盤であった**モルフォロギー**の視点は跡形もなくなり、情報理論である、いわゆるサイバネティックがその理論的基盤をなしていました。マイネルが初版で打ち立てた「各論」はある程度引き継がれましたが、モルフォロギー的視点がなくなってしまったために、運動理論としては大きくその性格を変えることになってしまったのです。運動質論、運動発達論や学習位相論の内容はそのまま残されているものの、その「説明」を、サイバネティックスや生理学やバイオメカニクスなどで行うのか、**形態学**（モルフォロギー）や**現象学**で行うのかでは大きな違いがあります。なぜなら、どの立場に立っているかで、実践現場の「運動」のとらえ方や視点、扱う問題や関心事、重視する内容は異なってきてしまうからです。

（2）形態学思想の復活

このように、マイネル単著の初版『運動学』の理論は、形態学（**モルフォロギー思想**）によって支えられていた理論でしたが、改訂版では、その「理論的性格」が変わってしまいました（佐野、2020、p.16）。これに敏感に反応し、マイネルの初版本に反映されていたモルフォロギー思想の運動現場における重要性、不可欠性を強く主張したのが、日本の**金子明友氏**（当時、

筑波大学教授）でした。マイネルの『運動学』は1980年に『動作学　上・下』として、他の訳者によって日本語に翻訳されていましたが、その底本は初版本（1960）ではなくサイバネティックス理論としての改訂第2版（1977）でした。すなわち、モルフォロギー思想に支えられた運動理論ではなかったのです。

　そうした事情もあって、金子はあえて、モルフォロギー思想に支えられていた初版本の邦訳、出版に踏み切り（『スポーツ運動学』、1981）、それよってモルフォロギー思想の復活を目指しました。初版本において理論的基礎をなしていたモルフォロギー思想は、体育やスポーツの運動の実践現場の問題解決に大きく寄与し得る、という強い確信が金子にはあったと言えます。

　そしてその後、金子が「モルフォロギー」的運動理論をいま以上に広める必要性を感じたということが、彼の多くの著書等に記されています。そして金子は、学問的に軽視されていた**「モルフォロギー運動学」**の理論的基礎づけと、その**理論補強**を推し進める作業に取り掛かりました（佐野、2020、pp.10-12）。

　マイネルがモルフォロギー的運動学によって主張しようとしたのは、「運動現場において指導者が行う指導活動は、学問的理論のもとに行われている」ということです。その際、採用された学問的立場が形態学（モルフォロギー）でした。ただ、マイネルは、そのモルフォロギーの理論的性格や価値について、学問的に踏み込んだ明確な基礎づけをしなかったと言えます。そのため金子は、まずは運動の形態学（モルフォロギー）の徹底した理論的基礎固めを行い、**スポーツ運動学**の学問的地位の向上を目指したのです。

（3）モルフォロギー運動学の理論補強
～金子の発生運動学の構想とその理論基盤～

　金子はモルフォロギー運動学の学問的・理論的基礎固め、理論補強をしていくにあたって、「形而上学的、人間学的、現象学的な厳密な分析」（金子、2002b、p.2）を行ったとしています。それは、マイネルがとった「モルフォロギー」の学問的立場がもともと、**ゲーテの形態学**や現象学といった**哲学的理論**との関係をもっていたからです。マイネル自身は、現場理論として

の形態学（モルフォロギー）の意味、価値、位置づけを学問的には明確にしませんでしたが、金子はそれを徹底して行おうとしました。そうした努力の中で、「形態学」の創始者の**ゲーテ**を始めとして、**ボイテンディク、ヴァイツゼッカー、シュトラウス**などの学者、また**ベルクソン**や**フッサール**などの哲学者の思想を、仔細に検討したのです。

　これらの学者や研究者は、人間の行為や運動の研究において、生理学や物理学など自然科学の立場に立つことから一定の距離をとっていた人々でした。彼らは、スポーツ畑の人ではありません。しかし、金子は、彼らの研究をつぶさに調べ上げ、その上で、彼らの考え方、研究成果、思想が、スポーツや運動の領域にきわめて重要な知見をもたらし得ることを確信したのです。そして、彼らの理論から、運動の実践現場（学習、練習、指導など）の理論性、学問性の根拠を示そうとしました。

　彼らの思想は基本的に、**人間中心**の、あるいは人間の目線から眺めた（とらえた）世界、あるいは**現象**の「しくみ」を**哲学的思考**によって解き明かそうとしたものだと言えます。金子の考え方によれば、彼らの思想・理論は、運動現場の実践を支えるに足る重厚な理論であり、それらは人間が具体的に体験し遭遇する、きわめて微細な問題にまで言及・分析し、考察を加えていました。金子は、そうした学者の取り組みを真摯に検討し、自然科学とは次元を異にする彼らの思想、考え方、方法論が、スポーツ現場の問題解決に大きく寄与し得ると考えたのです。

　金子が、そこまでして「モルフォロギー」の理論的基礎固めを行おうとした背景には、彼に、「運動現場の問題は、運動現場の『解決』に相応しい『学問的理論』があるべきだ」との考えがあったからです。そして、その学問的理論こそが、哲学的思考を背景にした理論でした。中でも「**現象学的、形態学的運動認識**」（金子、2002a、p.198）の考え方や理論は、運動現場の問題解決に直接的に寄与し得るものだと、強く確信したのだと思われます。このような金子の基礎固めによって、マイネルの形態学に明確に、**現象学的な運動形態学**（佐野、2022b、p.13）としての性格が付与されたと言えます。

　以下では、金子が注目した学者の特徴的な「考え方」の一端を示し、体育やスポーツの学習、および、指導現場の実践問題にそれらがどう寄与し得るものなのかをみていきます。

ゲーテ

マイネルの運動学理論の起点となっている形態学の基本的思想は、その創始者であるゲーテにあります。ゲーテは形態学を提唱するにあたり、次のことを強調しました。

> 形態学の序文を書こうとすれば、形態について語ることは許されない。やむなくこの言葉を使ったとしても、それは理念や概念を、つまり経験のなかで束の間の間固定されたものを指しているにすぎない。ひとたび形成されたものもたちどころに変形される。だから自然の生きた直観に到達しようとするならば、私たち自身が自然が示してくれる実例に倣って、形成をこころがける動きに満ちた状態に身を置いていなければならない。（ゲーテ、1980、p.44）

要するに、ゲーテが提唱する形態学の対象は、静的な固定された形態（かたち）ではなく、きわめて動的でダイナミックな次元のものであったのです。そうした次元の形態の問題を取り上げるには、動きに満ちた状態に身を置き、共感的態度（対象的思惟）をとらなければならないことが強調されています。ゲーテの形態学は、当初から**現象学的形態学**（金子、2005a、p.117；金子、2009、p.110；金子、2018、p.38）であったと言えます。このゲーテの形態学理論から今日のスポーツ運動学理論に取り込まれている概念に、原形象やメタモルフォーゼなどがあります。

ちなみに、ゲーテはニュートンの『光学』（1704）に対して論争を挑み、**現象学的色彩論**という自らの「色彩論」を展開しています（高橋、1988、p.337）。ゲーテはその論争の中で、「人間らしさ」や「人間性」の視点からの学問の重要さを訴えかけていたと言えます。

ボイテンディク

オランダの生理学者、心理学者、現象学者であるボイテンディクの運動思想は、主に『Allgemeine Theorie der menschlichen Haltung und Bewegung（人間の姿勢と運動の一般理論）』（1956）の中で展開されています。この本は「人間の運動の理論」を目指して書かれましたが、その中で、生

理学でも心理学でもない、独自の学問的方法論をもつべきことが主張されています (Buytendijk, 1956, p.4, p.15)。またこの本のドイツ語訳を行った病理学者のデアボルトは、「スポーツや体育の指導者に寄与し得る本である」と述べています (Buytendijk, 1956, Vorwort, IV)。

　ボイテンディクの研究活動から、スポーツ運動学・モルフォロギー的運動理論に取り入れられている重要な概念には、身体知概念と関係する感覚運動知、身体の知恵、感覚の論理、生命的想像力、機能、**主体**、自己運動、運動のモルフォロギー、運動メロディなどがあります。

ヴァイツゼッカー

———

　ヴァイツゼッカーという病理学者は、著書の『ゲシュタルトクライス』(1975) でスポーツ運動学との接点をもっていると言えるでしょう。この本の冒頭でヴァイツゼッカーは、「生命あるものを研究するには、生命と関わりあわねばならぬ」という強烈な書き出しをして、神経内科の臨床医の立場から（金子、2009、p.22）、人間の**運動発生論**（ゲシュタルトクライス）（金子、2002a、pp.140-142）を展開しています。この本で指摘されている重要な**運動発生原理**には、達成原理、パトス、恒常的図形時間の原理、相即関係、即興の概念などがあります。

　これらの思想・研究・諸概念は、スポーツ運動学ないしモルフォロギー的運動理論の中核を支えています。とくに、パトスや相即の概念は、現場のスポーツ運動を分析する上で不可欠な概念です。ヴァイツゼッカーの考え方は、スポーツ運動を、自然科学的な物体運動ではなく感情や感じの視点から、また、目的論的な視点（金子、2005a、p.83）から、人間の運動として考える根拠を提供していると言えます。

シュトラウス

———

　シュトラウスは、**現象学的－人間学**的立場に立ち、「実存」としての人間の姿を重視した精神病理学者で、『Vom Sinn der Sinne（感覚の意味について）』(1956) という著書が高い評価を受けています（長山、1962、p.43）。モルフォロギーの基礎づけの観点において、彼の著書や論文の中で重要な

考え方は、例えば、「われわれが生きているのは今であり、理解するのは後になってからである」(Straus, 1956, p.417) とか、「聞くことはすべて現在的である」(Straus, 1960, p.155) などの言葉に表れています。これらは先に挙げたゲーテの「『動き』の中に身を置かなければならない」といったことと相通じる内容だと思います。シュトラウスは、独自の「時間論」と「空間論」を展開しており、その中で、**私時間**や**現前空間**といった「私」個人が「感じる」「時間」、「私」個人の前に「ある」「空間」といった、「時間」や「空間」の問題について考察しています (佐野、1996、pp.30-33)。

　つまり、スポーツ運動学におけるシュトラウスの思想の肝要な点は、「私」という「実存」の視点や、「現在」という視点をもって運動や感覚を取り上げている、というところにあります。

ベルクソン

　ベルクソンは、ノーベル文学賞を受賞した著名な哲学者です。このベルクソンの研究からも、スポーツ運動学やモルフォロギー的運動理論に重要な考え方や思想が取り入れられています。ベルクソンの哲学は、ある意味、**生命論的哲学**と言えます。その中で重要なものに、質と量の変換の問題や**直観**概念、そして、「運動」の考え方があります。質と量は相互に置き換えて考えることができそうですがそう単純なことではないこと、実際に「やってみる」こと（直観）とものごとの周囲を「まわって」考えたり感じたりすることとは次元が違うこと、そして、運動を「分解」して考えてはならない（写真や連続図などに分解すれば問題点等がわかると考えてはならない）(金子、2002a、pp.125-129；佐野、1989、pp.38-39) といったことをベルクソンは主張しました。

　こうした思想や考え方も、スポーツ運動学やモルフォロギー的運動理論の中核部分を哲学的根拠として補強するものだ、と金子は考えたのです。

フッサール

　現象学者の**フッサールの現象学**は、金子の説明に基づけば、スポーツ運

動学やモルフォロギー的運動理論の基礎部分ないし根幹部分をなすものです（金子、2009、pp.79-80；金子、2018、pp.39）。フッサールの現象学は、ある意味で、「人間」中心の学です。その意味は、「自分」の目線からものごとやできごとを「現象」として取り上げ、「自分」にとってその「現象」がどういう**意味**や**価値**をもつのかといったことを問うような学問、哲学だと言えます。

　結局のところ、スポーツ運動学の理論的基礎づけに現象学が寄与し得る点は、現象学が、「私」や「個人」にとっての「現象」の学問である点にあります。すなわち、「人間中心」の学問であることに徹底的にこだわり、その根拠を徹底的に論理的（哲学的）に追求している点にあります。この現象学の思想こそまさに、スポーツ現場の理論には欠かすことのできないものです。

（4）今日のスポーツ運動学の学問的特徴

　こうしたことを踏まえると、今日のスポーツ運動学理論の特徴は、スポーツの運動を生命あるもの、分解・分割できないものとして、つまり「運動ゲシュタルト」という「**かたち**」（動きかた、フォーム）の「**形成**」の問題として扱うところにあると言えます。しかも、それを「私あるいは実存の運動」として、現象学的－発生論的立場から取り上げる運動理論、だと言えるでしょう。この意味で、今日の「スポーツ運動学」は「**発生運動学**」とも言われます。

確認問題

- ●「スポーツ運動学」という運動理論の学問的性格について、その理論発展、展開を追うことによって説明しなさい。
- ●また、今日のスポーツ運動学（発生運動学）理論を支えている人物２人を挙げ、その２人の考え方がどういった点でスポーツ運動学と接点をもっているかについて、簡潔に説明しなさい。

| column |

スポーツ運動学が現象学的理論であることの意味

———

　金子は、マイネルのスポーツ運動学（モルフォロギー運動学）を受け継ぎ、それを発生運動学として提唱する際に、「発生運動学はフッサール現象学を基底に据えている」という点を強調しています。このことにはどのような意味があるのでしょうか？

　フッサールの現象学は、難解かつ純粋な哲学理論です。意識や体験に現れるものを「現象」とすることで理論構築を目指した超越論的主観性の哲学であり、「主観」から諸現象の問題を考える立場を徹底させている哲学と言えます。このようなフッサール現象学の学問の立場に理解を寄せ、それを、運動ができる、うまくできない、できるようにさせていくといった、運動する「(学習者)主観」や運動を教える「(指導者)主観」が抱える現場の実践問題の解決のために導入しようとしたのが金子であり、その金子が展開しているのが発生運動学としてのスポーツ運動学です。こうして「運動現場の問題解決には現象学の立場に立つべきだ」という金子の主張がなされるのですが、その主張の本質は、あくまでゲーテの動的な「モルフォロギー(形態学)」の立場に立つことが前提になっている、ということにあります。そしてその上で、「できないことに」思い悩み葛藤し、「もっと上手にできるように」と期待し憧れる「人間(学習者、指導者)」が抱く運動問題を、実存的視点に立って徹底的に「論理的」に考え抜き、そこから打開策を見出していくべきだというところに、金子の主張する発生運動学の真髄があるのだと思います。

あとがき

　スポーツ運動学という学問の特徴は、本書において説明してきましたように、「運動現場にある実践問題の解決を目指す」というところにあります。とは言うものの実際には、その現場とは一体どのようなものなのか、どんなことが解決されたらよいと私たちは考えているのか、そして、スポーツ運動学の問題意識はどんなところに置かれているのか、そうしたことに対し、少しでも解答しようと試みたのが、本書です。

　運動現場とは「運動する人の実践現場」のことであって、その人がまさに運動が「できるようになろうとする場」「自分のわざを人にみせる場」「競技において、自分のわざを他人と競う場」だと言えます。そしてそれぞれの場面で、私たちは、なかなかうまくできるようにならない自分と闘い悩み、人に自分のわざをみせるときにはなぜかいつもと違う緊張状態になったり、競技ではなかなか自分の本来のわざを出せずに悔しい思いをしたりするものです。

　こうした現場の場面のことを考えてみると、どの場面にも言えることは、運動に関わる私たち自身の意識や感覚や感情、またできるようになりたい、うまくなりたいという運動への「思い」がそこに渦巻いている、ということです。

　スポーツ運動学という学問はまさに「意識」や「思い」があふれる現場に目を向け、そうした現場で生まれている問題の解決を図ろうとする学問です。動きの質や動きのかたちを扱う視点（運動形態学）、また、コツやカンの視点（身体知）に目を向けた立場（現象学）をとるのは、それらが現場にいると必然的に出てくる視点だからです。ただ、スポーツ運動学が学問である限り、それらの知識は抽象的にならざるを得ません。しかし、スポーツ運動学の学問としての独創的な点は、あくまで現場から遊離した考え方をしないようにする、という点にあります。

　スポーツ運動の研究、人間の運動の研究において忘れてはならないことは、運動者や指導者の、まさに実際の意識内容や感覚内容に踏み込んでそれを取り上げ、その意味を分析していこうとすることだと思います。

　本書でスポーツ運動学の基本的な考え方・基礎知識を学んだ後は、以上のような視点から、より深い考え方・知識を求めて、より高度な専門書にぶつかっていき、この学問の奥深い世界と格闘してもらいたいと思います。巻末には、その学習の助けとなるような参考文献を載せています。むずかしいと思われる文献もあるかもしれませんが、是非取り組んでいただきたいと思います。運動現場を活性化させるために・・・。

令和5年2月

佐野 淳

【引用・参考文献】

芥川也寸志（1981）音楽の基礎、岩波新書

鰺坂真・有尾善繁・鈴木茂編（1982）ヘーゲル論理学入門、有斐閣新書

Bernett, H. (1962) Terminologie der Leibeserziehung 〈体育の専門用語〉、Verlag Karl Hofmann

ベルグソン：松浪信三郎・高橋充昭共訳（1982）ベルグソン全集4 創造的進化、白水社

ベルクソン：中村文郎訳（2001）時間と自由、岩波文庫

Borrmann, G. (1960/61) Untersuchungen über den rhythmihschen Charakter bei Übungen an Turngeräten 〈体操競技の技のリズム性に関する研究〉、in：Wissenschaftliche Zeitschrift der DHfK, Leipzig, 3：281-326

Buytendijk, F.J.J. (1956) Allgemeine Theorie der menschlichen Haltung und Bewegung 〈人間の姿勢と運動の一般理論〉、Springer Verlag

ボイテンディク：佐野淳・中村剛共訳（2016）人の動きを人間らしくさせているもの、スポーツ運動学研究、29号：63-77

バイヤー編：朝岡正雄監訳（1993）スポーツ科学辞典、大修館書店

フェッツ：金子明友・朝岡正雄訳（1979）体育運動学、不昧堂出版

Fetz, F./Ballreich, R. (1974) Grundbegriffe der Bewegungslehre der Leibesübungen 〈体育運動の運動学の基本概念〉、Limpert Verlag GmbH.Frankfurt/M

ゲーテ：木村直司・高橋義人ほか訳（1980）ゲーテ全集14 自然科学論集、潮出版社

ゲーテ：高橋義人編訳（1982）自然と象徴、冨山房百科文庫

ゲーテ：菊池栄一訳（1987）色彩論、岩波文庫

ゲーナー：佐野淳・朝岡正雄監訳（2003）スポーツ運動学入門、不昧堂出版

Grosser, M. (1978) Ansätze zu einer Bewegungslehre des Sports 〈スポーツ運動学の台頭〉、in：Sportwissenschaft, Heft, 4：370-392

グロッサー：朝岡正雄・佐野淳・渡辺良夫訳（2001）スポーツ技術のトレーニング、大修館書店

早坂泰次郎（1986）現象学をまなぶ、川島書店

ハイデガー：細谷貞雄訳（1995）存在と時間 上、ちくま学芸文庫

藤田竜生（1980）リズム、風濤社

生田久美子（1987）わざから知る、東京大学出版会

井上治子（1996）想像力、三一書房

泉谷周三郎（1996）イギリス思想叢書5 ヒューム、研究社出版

金子明友（1968）運動技術論；岸野雄三ほか編著、序説運動学、大修館書店：89-116

金子明友（1974）体操競技のコーチング、大修館書店

金子明友（1977）運動学からみたスポーツ；岸野ほか編著、スポーツの科学的原理、大修館書店：263-297

金子明友（1983）運動の技術論、女子体育、2月号：2-6

金子明友（1984）運動の科学をめぐる諸問題、体育科教育、2月号：10-13.

Kaneko, A. (1985a) Prolegomena zur Methodik der sporttechnisschen Neugestaltung 〈スポーツ技術創作の方法論序説〉、筑波大学体育科学系紀要、第8巻：101-113

金子明友（1985b）運動技術の今日的問題性、体育科教育、10月増刊号：20-22

金子明友（1987）運動観察のモルフォロギー、筑波大学体育科学系紀要、10：113-124

金子明友・朝岡正雄編著（1990）運動学講義、大修館書店

金子明友（1995）スポーツモルフォロギーとは何か、スポーツモルフォロギー研究1：1-24

金子明友（2002a）わざの伝承、明和出版

金子明友（2002b）運動感覚知の公道化、伝承、2：1-28

金子明友（2005a）身体知の形成 上、明和出版

金子明友（2005b）身体知の形成 下、明和出版

金子明友（2007）身体知の構造、明和出版

金子明友（2009）スポーツ運動学、明和出版

金子明友（2015）運動感覚の深層、明和出版

金子明友（2018）わざ伝承の道しるべ、明和出版

カッツ：武政太郎・浅見千鶴子訳（1978）ゲシュタルト心理学、新書館

川嵜克哲（2001）心理療法において因果律が揺らぐことの意義とその諸形態について；河合隼雄総編集、心理療法７、岩波書店：23-72

菊池栄一（1979）ゲーテの自然科学と私、モルフォロギア、創刊号：2-25

木村敏（1975）現存在分析学について、ビンスワンガー；新海安彦、宮本忠雄、木村敏訳、精神分裂病Ⅰ、みすず書房：295-307

木村真知子（1989）自然体育の成立−運動学的観点から−、不昧堂出版

木下喬（1986）視覚と触覚、新・岩波講座９哲学 身体 感覚 精神、岩波書店：149-175

岸野雄三（1968）運動学の対象と研究領域、序説運動学、大修館書店：1-47

Klemm, O.（1938）Zwölf Leitsätze zu einer Psychologie der Leibesübungen〈体育運動の心理学のための12題〉, in：Neue psychologische Studien, H9：387-398

木股錬治（2000）ゲーテの「対象的思考」について、モルフォロギア、22号：84-93

Krug, J./Hartmann, C./Schnabel, G.(2001) Die Meinel'sche Bewegungslehre - ein Fundament der Sportmtorik〈マイネルの運動学—スポーツ運動学の基礎〉、Sportwissenschaft, Nr, 1：31-44

鯨岡峻（1986）心理の現象学、世界書院

町田健（2001）言語が生まれるとき・死ぬとき、大修館書店

町田健（2004）ソシュールのすべて、研究社

町田健（2006）日本語のしくみがわかる本、研究社

真鍋良一（1983）真鍋ドイツ語の世界−ドイツ語の語法−、三修社

松下正明・浅井昌弘・牛島定信ほか編集（1999）精神医学研究方法−臨床精神医学講座24巻、中山書店

Meinel, K.（1963）Morphologie der Bewegung〈運 動 の 形 態 学〉, Kleine Enzyklopädie Körperkultur und Sport, Verlag Enzyklopädie Leipzig：111-113

マイネル：金子明友訳（1981）スポーツ運動学、大修館書店

マイネル：金子明友訳（1998）動きの感性学、大修館書店

Meinel/Schnabel（2007）Bewegungslehre-Sportmotorik〈運動学−スポーツ運動学〉, Meyer & Meyer Verlag

南谷直利・北野与一（2002）「稽古」および「練習」の語誌的研究、26、北陸大学紀要、251-264

村上陽一郎（1981）技術思想の変遷、朝倉書店

村上陽一郎（1986）技術とは何か、ＮＨＫブックス

村田純一（2019）味わいの現象学、ぷねうま舎

長山泰久（1962）書評 人間的世界の心理学 Erwin Straus、心理学研究、33、3号：43-45

成川武夫（1978）人間学とは何か、看護技術、10月号：1-8

荻野恒一（1973）現象学的精神病理学、医学書院

荻野恒一（1988）現象学と精神科学、世界書院

荻野恒一（1994）現存在分析、紀伊國屋書店

澤瀉久敬（1964）医学の哲学、誠信書房

澤瀉久敬（1965a）医学概論 第一部 医学について、誠信書房

澤瀉久敬（1965b）医学概論 第二部 生命について、誠信書房

澤瀉久敬（1965c）医学概論 第三部 医学について、誠信書房

澤瀉久敬（1967）哲学と科学、NHKブックス

澤瀉久敬（1971）医の倫理、誠信書房

澤瀉久敬（1977）医学と生命、東京大学出版会

澤瀉久敬（1979）ベルクソン哲学の素描、世界の名著64 ベルクソン、5-60、東京大学出版会

澤瀉久敬（1987）アンリ・ベルクソン、中公文庫

ポルトマン：高木正孝訳（1979）人間はどこまで動物か、岩波新書

Röthig, P.（1963）Zur Begriffsbestimmung des Rhythmus〈リズムの基本概念について〉, in：Die Leibeserziehung, Heft, 11：341-347

Röthig, P.（1981）Rhythmus und Bewegung〈リズムと運動〉, Karlhofmann Schorndorf

三枝博音（1977）技術の哲学、岩波全書

榊原洋一（1995）ヒトの発達とは何か、ちくま新書

佐久川肇編著（2010）質的研究のための現象学入門、医学書院

佐久間鼎（1957）文法の単位、日本文法講座 1 総論、明治書院：19-50

佐野淳（1989）スポーツ運動の"運動形態"に関する一考察、スポーツ運動学研究、2 号：35-44

佐野淳（1996）スポーツの動きの時空系、スポーツモルフォロギー研究、2 号：21-41

佐野淳（1997）倒立のメタモルフォーゼ、スポーツモルフォロギー研究、3 号：75-88

佐野淳（1998a）スポーツ達成力と動きのかたち、筑波大学体育科学系紀要、21：77-86

佐野淳（1998b）即興としての動きの発生論的地平、スポーツモルフォロギー研究、4 号：29-38

佐野淳（2000a）技術習得のスポーツ運動学的視座、21世紀と体育・スポーツ科学の発展 2、杏林書院：140-146

佐野淳（2000b）スポーツ技術の運動感性学的考察、スポーツモルフォロギー研究、6 号：1-18

佐野淳（2004）こつの言語表現に関するモルフォロギー的考察、スポーツ運動学研究、17：13-23

佐野淳（2005a）技術分析の意味類型に関する現象学的考察、スポーツ運動学研究、18、1-11

佐野淳（2005b）スポーツ技術とことばの規則、伝承、5 号：71-96

佐野淳（2013）コツの言語表現の構造に関する発生運動学的研究、博士論文

佐野淳（2014）発生運動学の方法論の反実証主義的性格、筑波大学体育系紀要、37：41-52

佐野淳（2015）技術力の指導；中村・高橋ほか編、21世紀スポーツ大事典、大修館書店：48-487

佐野淳（2020）スポーツ運動学の理論展開、スポーツ運動学研究、33：9-26

佐野淳（2022a）スポーツにおける運動技術論再考〜金子の論考をもとに〜、筑波大学体育系紀要、45：1-7

佐野淳（2022b）基調講演 スポーツ運動学と運動形態学、スポーツ運動学研究、35：1-13

サルトル：平井啓之訳（1983）想像力の問題、人文書院

新村満編者（1979）広辞苑 第二補訂版、岩波書店

関口存男（1979）趣味のドイツ語、三修社

ソシュール：町田健訳（2016）新訳 ソシュール一般言語学講義、研究社

Straus, E. (1956) Vom Sinn der Sinne〈感覚の意味について〉, Springer Verlag

Straus, E. (1960) Psychologie der menschlichen Welt〈人間世界の心理学〉, Springer Verlag

杉岡良彦（2014）哲学としての医学概論、春秋社

杉岡良彦（2019）医学とはどのような学問か、春秋社

鈴木一彦（1981）時枝誠記 日本文法・同別記（口語編）、東宛社

高橋義人（1988）形態と象徴、岩波書店

竹田青嗣（1993）意味とエロス、ちくま学芸文庫

谷口隆之助（1976）実存としてのからだ、看護教育、11月号：732-736

谷川渥（1986）形象と時間、白水社

寺門伸（1984）意味形態論–ひとつの考察、ドイツ語研究 第10号、三修社：21-26

時枝誠記（2007a）国語学原論（上）、岩波文庫

時枝誠記（2007b）国語学原論（下）、岩波文庫

時枝誠記（2020）日本文法 口語編・文語編、講談社学術文庫

ヴィゴツキー：柴田義松訳（1963）思考と言語 下、明治図書

Wagner, H. (1954) Zur Etymologie und Begriffsbestimmung 》Rhythmus《〈〉リズム《の語源と概念規定について〉, in：Bildung und Erziehung, Heft, 2：89-93

鷲田清一（1997）メルロ・ポンティ 可塑性、講談社

渡邊二郎編（2011）ハイデガー「存在と時間」入門、講談社学術文庫

ヴァイツゼッカー：木村 敏・浜中叔彦訳（1975）ゲシュタルトクライス、みすず書房

柳宗悦（2008）工藝文化、岩波文庫

山岡政紀（2009）人間学の探求（2）、創価人間学論集、2：109-125

安永浩（1992）ファントム空間論、金剛出版

安永浩（1999）精神の幾何学、岩波書店

[著者紹介]

佐野 淳（さの あつし）

1957年生まれ。
1982年、筑波大学大学院体育研究科修了。鹿児島大学助教授、筑波大学教授を経て、現在、筑波大学名誉教授。日本スポーツ運動学会会長。博士（コーチング学）。筑波大学在職中に、筑波大学体操競技部コーチ（女子）、監督（女子）、部長を歴任（1993〜2022年）。筑波大学附属中学校校長（2020〜2022年）。

専門はスポーツ運動学。
主な著書は、『運動学講義』（大修館書店、分担）、『教師のための運動学』（大修館書店、分担）『コツとカンの運動学』（大修館書店、分担）、翻訳書として『スポーツ技術のトレーニング』（大修館書店、共訳）、『スポーツ科学辞典』（大修館書店、共訳）、『スポーツ運動学入門』（不昧堂、共監訳）ほか。

基礎から学ぶ スポーツ運動学
©Atsushi Sano, 2023　　　　　　　　　　　NDC780 ／ x, 261p ／ 21cm

初版第1刷────2023 年 4 月 10 日

著者────────佐野 淳
発行者──────鈴木一行
発行所──────株式会社 大修館書店
　　　　　　　〒 113-8541 東京都文京区湯島 2-1-1
　　　　　　　電話 03-3868-2651 （販売部）　03-3868-2297 （編集部）
　　　　　　　振替 00190-7-40504
　　　　　　　[出版情報] https://www.taishukan.co.jp/

装　丁────石山智博
組　版────有限会社秋葉正紀事務所
印刷所────横山印刷
製本所────難波製本

ISBN 978-4-469-26956-7　Printed in Japan